MÉRIMÉE

LES GRANDS ECRIVAINS FRANÇAIS

VOLUMES PARUS, DANS L'ORDRE DE LEUR PUBLICATION

VICTOR COUSIN, par M. *Jules Simon*, de l'Académie française.

MADAME DE SÉVIGNÉ, par M. *Gaston Boissier*, secrétaire perpétuel de l'Académie française.

MONTESQUIEU, par M. *Albert Sorel*, de l'Académie française.

GEORGE SAND, par M. *E. Caro*, de l'Académie française.

TURGOT, par M. *Léon Say*, de l'Académie française.

THIERS, par M. *P. de Rémusat*, de l'Institut.

D'ALEMBERT, par M. *Joseph Bertrand*, de l'Académie française, secrétaire perpétuel de l'Académie des sciences.

VAUVENARGUES, par M. *Maurice Paléologue*.

MADAME DE STAEL, par M. *Albert Sorel*, de l'Académie française.

THÉOPHILE GAUTIER, par M. *Maxime Du Camp*, de l'Académie française.

BERNARDIN DE SAINT-PIERRE, par M. *Arvède Barine*.

MADAME DE LA FAYETTE, par M. le comte *d'Haussonville*, de l'Académie française.

MIRABEAU, par M. *Edmond Rousse*, de l'Académie française.

RUTEBEUF, par M. *Clédat*, professeur de Faculté.

STENDHAL, par M. *Édouard Rod*.

ALFRED DE VIGNY, par M. *Maurice Paléologue*.

BOILEAU, par M. *G. Lanson*.

CHATEAUBRIAND, par M. *de Lescure*.

FÉNELON, par M. *Paul Janet*, de l'Institut.

SAINT-SIMON, par M. *Gaston Boissier*, secrétaire perpétuel de l'Académie française.

RABELAIS, par M. *René Millet*.

J.-J. ROUSSEAU, par M. *Arthur Chuquet*, professeur au Collège de France.

LESAGE, par M. *Eugène Lintilhac*.

DESCARTES, par M. *Alfred Fouillée*, de l'Institut.

VICTOR HUGO, par M. *Léopold Mabilleau*, professeur de Faculté.

ALFRED DE MUSSET, par M. *Arvède Barine*.

JOSEPH DE MAISTRE, par M. *George Cogordan*.

FROISSART, par Mme *Mary Darmesteter*.

DIDEROT, par M. *Joseph Reinach*.

GUIZOT, par M. *A. Bardoux*, sénateur, de l'Institut.

MONTAIGNE, par M. *Paul Stapfer*, professeur de Faculté.

LA ROCHEFOUCAULD, par M. *J. Bourdeau*.

LACORDAIRE, par M. le comte *d'Haussonville*, de l'Académie française.

ROYER-COLLARD, par M. *E. Spuller*, sénateur.

LA FONTAINE, par M. *Georges Lafenestre*, de l'Institut.

MALHERBE, par M. le duc *de Broglie*, de l'Académie française.

BEAUMARCHAIS, par M. *André Hallays*.

MARIVAUX, par M. *Gaston Deschamps*.

MÉRIMÉE, par M. *Augustin Filon*.

CORNEILLE, par M. *G. Lanson*.

RACINE, par M. *Gustave Larroumet*, secrétaire perpétuel de l'Académie des Beaux-Arts.

Chaque volume, avec un portrait en héliogravure . . . . . . 2 fr.

Coulommiers. — Imp. PAUL BRODARD. — 285-3-98.

MÉRIMÉE

PAR

AUGUSTIN FILON

PARIS

LIBRAIRIE HACHETTE ET Cie

79, BOULEVARD SAINT-GERMAIN, 79

1898

PROSPER MÉRIMÉE

CHAPITRE I

PREMIÈRES ANNÉES ET DÉBUTS LITTÉRAIRES

Prosper Mérimée était parisien de naissance et d'éducation : il le demeura toute sa vie de goûts et d'habitudes. Quant à sa famille, du côté paternel elle était originaire de Normandie. Son grand-père, avocat au parlement de Rouen, fut, vers les dernières années du règne de Louis XV, l'homme d'affaires du maréchal de Broglie, dans le château duquel il résidait ordinairement. Les droits seigneuriaux qui existaient encore à cette époque — la remarque est de M. le duc de Broglie actuel — donnaient une importance considérable aux fonctions que l'avocat Mérimée remplissait auprès du maréchal. C'était, d'ailleurs, d'après le même témoignage, un homme fort distingué. Il maria sa fille à un

M. Fresnel. De ce mariage naquit le célèbre physicien qui a fait plus qu'aucun savant de ce siècle pour l'étude et la découverte des lois de la lumière.

Jean-François-Léonor, fils de l'avocat Mérimée, se donna à la peinture et obtint le second prix de Rome en 1788. Élève de Doyen, son œuvre est strictement classique, avec un penchant marqué vers l'allégorie et une touche légère de préciosité excentrique. Après avoir beaucoup voyagé, il devint professeur à l'École polytechnique, puis à l'École des beaux-arts et, finalement, secrétaire de cette école. Il consacra les années de sa maturité à des recherches historiques et à des expériences sur la chimie des couleurs. Les unes et les autres aboutirent, en 1830, à la publication d'un grand ouvrage sur l'*Histoire de la peinture à l'huile* depuis Van Eyck jusqu'à nos jours. Ce livre obtint, dès l'année 1832, les honneurs d'une traduction anglaise, et l'auteur préparait une seconde édition lorsqu'il mourut en 1836. Comme peintre, Léonor Mérimée n'a pas dépassé une respectable médiocrité; comme historien de la peinture, son livre, par certains côtés techniques, garde de la valeur aux yeux des juges compétents.

En 1800, il avait épousé Anna Moreau, une jeune fille qu'il avait rencontrée dans un pensionnat de Passy où il donnait des leçons. Elle était petite-fille de Mme Leprince de Beaumont, l'aimable auteur de *la Belle et la Bête* et d'une foule d'autres jolis contes. Mlle Moreau peignait elle-même, non sans habileté, et réussissait surtout dans les portraits d'enfants. On dit qu'elle avait hérité de sa spirituelle aïeule le don de raconter. Ce don lui était fort utile pour obtenir l'immobilité de ses petits modèles et pour répandre sur leurs traits l'expression dont elle avait besoin.

De ce couple artistique naquit, le 28 septembre 1803, Prosper Mérimée. Il ne fut point baptisé, et ce trait indique l'esprit qui a présidé à sa première éducation. Lorsqu'il écrivait, bien des années après, en parlant de lui et de ses amis : « Nous autres païens », l'expression, en ce qui le concernait, n'avait rien de métaphorique. Il n'a traversé, à aucun moment de son premier âge, cette période de l'émotion religieuse qui attend tous les enfants au seuil de l'adolescence.

Il ne recevait d'ailleurs que de bons exemples dans cet intérieur d'artistes bourgeois où l'on honorait, par-dessus toutes choses, l'esprit, la science et la vertu. Le seul danger qu'il courût, fils unique et d'un père déjà mûr, c'était d'être quelque peu gâté. Il le fut et en contracta si bien l'habitude qu'il chercha jusqu'à la fin qui lui donnerait les douceurs du foyer sans les inquiétudes et les devoirs de la vie familiale, l'omnipotence avec l'irresponsabilité.

Cependant il paraît que Mme Mérimée le grondait

quelquefois. Un jour qu'il avait commis une petite faute et demandait pardon à genoux sur le ton le plus pathétique, sa mère, qui avait l'esprit gai et un sentiment très vif du ridicule, lui éclata de rire au nez. Sur quoi, le petit Prosper, soudainement calmé, se leva et dit : « Ah! c'est ainsi? On se moque de moi? Hé bien, je ne demanderai plus jamais pardon! » Sainte-Beuve tenait l'anecdote de Mme Mérimée; il l'a communiquée à Taine et tous deux la trouvaient caractéristique, puisque l'un l'a notée dans ses *Souvenirs* et que l'autre l'a racontée dans la préface des *Lettres à une Inconnue*. Faut-il croire que le scepticisme de Mérimée datait de ce jour-là; qu'il était né tendre, mais que, sa mère lui ayant ri au nez, quand il avait six ans, son âme fut changée et qu'il devint l'ironie incarnée? Si telle était la pensée de Taine et de Sainte-Beuve, nous serions d'autant moins disposés à accepter d'eux cette théorie qu'elle serait en contradiction directe avec toutes leurs idées sur la formation du caractère et la croissance de l'esprit. Il est probable que cette première impression reçue par Mérimée n'aurait pas persisté chez un enfant aussi jeune si elle n'avait été fortifiée par des impressions quotidiennes ou plutôt par une impression continue et de même nature. Un père qui s'enveloppait de gravité, comme faisaient volontiers les hommes de ce temps-là lorsqu'ils avaient atteint la maturité et qu'ils étaient plongés dans quelque sévère étude, une mère agissante, un peu brusque, d'esprit net, incisif et pratique, voilà des influences et un milieu qui ne devaient pas encourager les effusions d'une sensibilité enfantine. Le petit Prosper était-il naturellement porté à la rêverie, à l'émotion, aux épanchements? Cela est possible, et il nous l'a donné à entendre dans l'analyse qu'il a tracée plus tard de son propre caractère. Si l'on regarde certain portrait que Mme Mérimée avait fait de Prosper enfant, on sera frappé de la grâce de ce jeune visage, encadré de longues mèches bouclées. En l'observant de près, on reconnaîtra qu'il y a encore plus de malice dans la bouche que de candeur dans le regard; que cette physionomie fait pressentir, avec le besoin d'aimer, qui rend l'homme bon ou mauvais, les deux traits dominants : curiosité et sensualité. Ce portrait éloigne l'idée de la tendresse naturelle étouffée par l'ironie acquise. Pourquoi ne serait-il pas né tout ensemble moqueur et sensible?

Il commença à suivre les cours du collège Henri IV en compagnie de ses cousins les Fresnel, qui étaient plus âgés que lui et qui se plaisaient à le taquiner. Il est toujours périlleux, au collège, de se distinguer des autres : or, Prosper attirait l'attention par plusieurs particularités. Il était habillé avec élégance, il savait l'anglais et il possédait cette écriture allongée, alors inconnue en France et qui était aussi une mode d'outre-Manche. Le dandysme et l'anglomanie, traits permanents de son caractère, apparaissent, comme on le voit, de bonne heure. La faiblesse maternelle est en partie responsable de ces raffinements de toilette qui étonnaient le vieux cloître changé en Lycée : Mme Mérimée est évidemment la première femme qui l'ait admiré. C'est aussi dans la maison de ses parents qu'il a attrapé l'anglomanie. Léonor Mérimée était en relations avec plusieurs artistes anglais, notamment avec Holcroft et avec Northcote, qui fut l'élève et le biographe de sir Joshua Reynolds. Au moment de la paix d'Amiens, William Hazlitt, alors apprenti artiste, était venu passer plusieurs mois à Paris pour travailler dans les galeries du Louvre, si longtemps fermées par la guerre à ses compatriotes. Il fut recommandé par ses maîtres à Léonor Mérimée, qui le protégea, le conseilla de son mieux et lui ouvrit sa maison. Plus tard, il se rappelait comme le temps le plus heureux de sa vie celui qu'il avait passé dans l'intimité des Mérimée. A ce moment, Mme Mérimée était enceinte de Prosper et, quand je songe à ce subtil et ironique esprit que devint William Hazlitt, je serais tenté de croire à ce que le vulgaire appelle « un regard ». Quand la France fut rouverte aux étrangers, les relations recommencèrent entre les Mérimée et leurs amis d'Angleterre. Le jeune Prosper trouva très près de lui des occasions de parler anglais et, peut-être, d'aimer en anglais : ce qui est la façon la plus agréable et la plus rapide d'apprendre une langue vivante.

T'is pleasing to be school'd to a strange tongue
By female lips and eyes...

Byron l'a dit, Musset l'a répété et Mérimée a mis le précepte en pratique dans trois idiomes différents.

Ses études au collège Henri IV n'eurent rien de très brillant, et c'est seulement en 1820, lorsqu'il eut pris sa première inscription de droit, qu'il commença véritablement à étudier. On est confondu de la diversité des connaissances qu'il acquit pendant les cinq années suivantes et surtout de la rectitude précise et méthodique avec laquelle un si jeune homme dirigeait ses travaux. Il fait marcher de pair l'étude du grec, que l'Université d'alors n'avait pu lui apprendre, avec celle de l'espagnol, qu'il commence et celle de l'anglais, qu'il approfondit. Il se familiarise avec Cervantès, Lope, Calderon comme avec Shakspeare ; il sait par cœur le *Don Juan* de Byron. Il connaît, jusque dans les recoins obscurs, notre xviiie siècle français. Toutes ces choses, si peu homogènes, se classent en bon ordre dans son esprit. Les littératures étrangères lui livrent une matière première ; l'antiquité et notre littérature classique fournissent l'expression, la forme, la manière de dire, l'instrument littéraire, qui, à son gré, ne peut être ni remplacé, ni même perfectionné. Ainsi cette grande querelle entre le classicisme et le romantisme qui allait affoler toute sa génération et dont nous trouvons à grand'peine la solution et le profit, son intelligence claire, décisive, amie des conclusions franches, la réglait d'avance et sans effort.

Avant tout, il était curieux de l'âme humaine. Il l'observait dans les salons de la restauration, après l'avoir observée dans Hérodote, dans Tite-Live, dans Froissart; j'écarte à dessein les historiens philosophes. Il s'intéressait passionnément aux faits et aux caractères; sa prétention n'alla jamais jusqu'à la découverte des lois. De là à se méfier de ceux qui les cherchent et même à nier l'existence de ces lois, il n'y a pas très loin. Quoi qu'il en soit, le jeune Mérimée était mondain par la même raison qu'il était érudit. Les passions humaines, sous toutes les formes, dans le passé comme dans le présent, étaient ses « comédiens ordinaires ». C'est pour se donner le spectacle de la vie qu'il dévorait les livres et courait les bals. Entre temps, il étudiait la théologie, la tactique, la poliorcétique, l'architecture, l'épigraphie, la numismatique, la magie et la cuisine. Il voulait savoir le pourquoi et le comment de toutes choses, l'histoire des mots et des idées, aussi bien que celle des hommes : comment se font les dogmes et comment se fait le macaroni. Cette soif d'apprendre, qui ne s'éteignit jamais et qui, après la soixantième année, le rattachait encore à l'existence quand tout lui avait déjà échappé, est peut-être sa passion dominante et le trait le plus honorable de son caractère intellectuel.

A ce savoir exact et précis, il joignait une autre qualité qui ne marche pas toujours de pair avec la première : une merveilleuse faculté d'assimilation. Avec quelques éléments, il retrouvait une figure, un tableau, toute une époque, toute une civilisation et son intuition était aussi sûre que son érudition.

Il ne comprenait pas grand'chose à tout ce côté de l'âme qui regarde l'invisible. La poésie proprement dite, c'est-à-dire la poésie lyrique, était pour lui lettre close, et c'est Pouchkine qui la lui révéla tardivement, mais il aima de bonne heure les épopées à cause du pittoresque et du descriptif, à cause des passions qui s'y donnent carrière. Un goût très sincère le portait vers les caractères d'exception et les aventures extraordinaires, vers les bandits, les pirates, vers tous ceux qui vivent en guerre avec la société. L'œuvre de Byron est pleine de ce sentiment qui est une des inspirations du romantisme. Sans que la génération contemporaine en eût nettement conscience, c'était l'écho, le contre-coup, la traduction sous une forme artistique et littéraire des vingt-cinq années d'émotions traversées de 1789 à 1815. Les fils rêvèrent comme les pères avaient agi. Cette passion du vio-

lent et du terrible, si curieusement alliée chez
Mérimée à la dévotion du document, datait de plus
loin que ses premières lectures de Byron. Tout
enfant, il avait dévoré la biographie de Morgan, de
Cartouche, de Gaspard de Besse, et, comme il
l'avouait dans une lettre intime, il a gardé et complaisamment entretenu sa sympathie pour les *outlaws*
de toute sorte. Sa curiosité se nuançait de tendresse
quand l'*outlaw* était une femme. La mondaine, pour
l'intéresser, devait avoir, du moins en elle, un côté
dangereux et trouble, une certaine inclination à faire
du mal. Celle qui ne peut pas donner un coup de
poignard ne peut pas donner un baiser. L'amour,
pensait-il, est un duel. Aimer, c'est dompter, ou
chercher à dompter le plus gracieux, le plus sédui-
sant, le plus souple des animaux féroces. Son invention psychologique était à l'aise dans ce domaine de
la perversité féminine : elle s'y enferma.

Il serait aussi difficile de dresser la liste des amis
de Mérimée, vers 1825, que le bilan de ses connaissances. Il s'était lié d'abord avec Ampère, fils du
célèbre physicien, et avec Albert Stapfer qui, le premier, fit connaître au public français le *Faust* de
Gœthe. Albert Stapfer le conduisit chez son père,
ancien ministre de la Confédération helvétique à
Paris, qui recevait une société érudite et lettrée où
dominait l'élément protestant. Le jeune Ampère,
follement amoureux de Mme Récamier, présenta

Mérimée à l'Abbaye-aux-Bois, où il vit Chateaubriand trôner dans toute sa gloire et Delphine Gay faire ses débuts comme muse des salons libéraux. Chez le peintre Gérard, il rencontra deux générations d'artistes et se lia avec M. Thiers. Dans la fameuse bibliothèque de Viollet-Leduc, père du fameux architecte, il entendit pérorer Victor Cousin et assista, avec Sainte-Beuve et Patin, aux discussions passionnées où Duvergier de Hauranne soutenait les idées des jeunes contre les doctrines classiques, défendues par le maître de la maison, l'auteur, alors célèbre, du *Nouvel Art poétique.* Enfin il était assidu aux mercredis et aux dimanches de Delécluze. Dans sa modeste chambre, située au quatrième de la maison habitée par les Viollet-Leduc, le critique artistique des *Débats* réunissait une élite de jeunes gens qui allaient bientôt se faire une place et un nom dans la politique, les lettres ou la science : Charles de Rémusat, qui avait déjà en portefeuille l'*Insurrection de Saint-Domingue*; Vitet, qui devait bientôt écrire les *États de Blois*; Théodore Leclercq, l'auteur trop oublié des *Proverbes dramatiques*; Cavé et Dittmer, dont la collaboration ne tarda pas à produire les *Soirées de Neuilly*, Adrien de Jussieu et d'autres encore. Bertin l'aîné ne dédaignait pas d'y paraître; Courier y corrigeait sur un coin de table les épreuves de ses derniers pamphlets, pendant qu'un poète inconnu y déployait un manuscrit ou

que la bataille de paroles faisait rage entre classiques
et romantiques. De tous ces discuteurs, le plus
obstiné, le plus fantasque, le plus amusant et, par
conséquent, le plus écouté, c'était Stendhal.

L'influence exercée par Stendhal sur Mérimée,
pendant ces années décisives où se forma son éclec-
tisme littéraire, a été considérable, plus considérable
que ne le croyait Mérimée lui-même. Si nous nous
en rapportions uniquement à l'introduction qu'il a
placée en tête de la correspondance de son ami ou à
l'étrange oraison funèbre qu'il a intitulée H. B. et
qui a été imprimée, sans nom d'auteur, à un petit
nombre d'exemplaires, il nous serait impossible de
saisir entre eux les signes d'une véritable solidarité
intellectuelle, moins encore les rapports du maître
et de l'élève. Il arrivait à Stendhal ce qui arrive
immanquablement à tout homme mûr qui se glisse
ou s'impose dans une société de très jeunes gens.
Mérimée et ses camarades, tout en lui accordant
beaucoup d'esprit, n'étaient pas loin de le trouver
ridicule, et, de fait, il l'était un peu, ce gros homme
qui avait passé la quarantaine et qu'on voyait toujours
amoureux, qui prêchait la lo-gi-que, en scandant
énergiquement les syllabes et qui jugeait de toutes
choses avec sa passion et ses nerfs, qui parlait tour
à tour de Napoléon, comme Las Cases et comme
Paul-Louis, qui s'emportait contre l'étourderie des
Français et qui était lui-même le plus étourdi des

Français. Était-il sincère, du moins? Mérimée en douta longtemps. C'est à la réflexion qu'il découvrit enfin l'originalité de Stendhal et crut à sa bonne foi. Bien peu devaient y croire en 1825.

Nous n'avons aucune raison de rejeter le témoignage de Mérimée lorsqu'il nous assure que, sauf deux ou trois antipathies communes, il ne s'entendait sur rien ni sur personne avec Beyle. En effet, les points de divergence sont bien visibles.

Il est vrai que Stendhal inocula à Mérimée le goût de la musique italienne, mais ce goût était dans l'air, et il fallait bien que Mérimée crût au *Barbiere* et au *Matrimonio Segreto*, avec toute sa génération, quand même il n'y aurait pas eu un Stendhal pour les lui commenter. D'ailleurs qu'importe aujourd'hui que Mérimée ait préféré Rossini à Méhul et Cimarosa à Spontini? En ce qui touche les arts du dessin, il croyait Stendhal peu compétent, peu capable de parler la langue technique qui leur est propre. Juger des tableaux et des statues d'après les sensations qu'ils nous font éprouver, c'est les juger fort mal, suivant Mérimée, car notre jugement, dans ce cas, varie avec les jours et avec notre humeur. En architecture, Stendhal était d'une ignorance absolue : c'est Mérimée qui lui apprit à distinguer le roman du gothique. Il ne prenait guère son ami plus au sérieux comme réformateur littéraire que comme critique d'art. La brochure *Racine et Shakspeare*, qui servit de manifeste à la première forme du Romantisme, ne le satisfaisait qu'à moitié. Si les Grecs de Racine étaient des Français du XVIIe siècle, les Romains de Shakspeare étaient des Anglais du XVIe. Bien plus que Racine, Shakspeare abondait en contresens et en anachronismes. Que pouvait-il nous apprendre? A affranchir notre théâtre, à couper les lisières des trois unités où les classiques prétendaient nous enfermer à jamais? D'abord; mais ce n'était là qu'une question de forme. Mérimée voyait clairement que Shakspeare, comme Gœthe, comme Lope de Vega et Cervantès, nous apportait une nouvelle conception dramatique des passions humaines, une nouvelle psychologie qui s'ajoutait à celle de Racine et de Corneille sans la détruire. Et c'est ce que l'exclusivisme de Stendhal l'empêchait de discerner. Il réclamait du roman et du drame marqués au sceau des passions contemporaines. Ce qui ne parlait pas aux âmes de 1825 lui était indifférent. Mérimée, au contraire, s'intéressait à tout ce qui pouvait perfectionner en lui l'intelligence du passé, l'introduire dans l'intimité des générations disparues. L'un avait le sens et la passion de l'histoire, l'autre ne savait même pas ce que c'était.

Voilà donc l'effet que produisait Stendhal à Mérimée : un connaisseur très fin, mais très fantasque, un homme du monde, plein de souvenirs curieux à recueillir, un homme d'esprit, plein d'idées, mais sans lien ; un critique, point ; un écrivain, moins encore. Quand Jacquemont, leur ami commun, jetait sur les marges d'un manuscrit de Stendhal des notes comme celles-ci : « Détestable... style d'épicier », il est probable que Mérimée, s'il eût été plus poli, n'eût pas été moins sévère. On souriait de Stendhal qui se raturait pour ajouter des fautes au premier jet. L'idée de prendre un tel homme pour modèle ne serait venue à personne. Pour ces jeunes gens, le style était encore la grande affaire et leur idéal, en fait de style, quoi qu'ils eussent à exprimer, était une certaine élégance sèche et précise, la phrase claire, alerte, aisée et brillante, aux arêtes nettement découpées dont Fontenelle et Lesage avaient donné l'exemple et qui avait prévalu pendant toute la première moitié du XVIIIe siècle. Cette phrase sourit et se moque toujours, même dans les sujets sérieux, même dans les sujets tragiques ; elle a la raillerie infuse. Rousseau a créé une nouvelle forme de langage, dont Chateaubriand, puis Hugo, se sont emparés. Il y a une troisième phrase, celle de Diderot, qui est devenue celle de Michelet et celle de Taine. Ces trois phrases correspondent à la raison, à l'imagination, à la sensation. En sorte que l'écrivain, chez lequel prédomine l'une de ces facultés est amené fatalement à prendre l'une de ces trois phrases pour y mouler sa pensée. La première s'adaptait aux besoins d'esprit de Stendhal et de

Mérimée. Seulement Stendhal s'en servait maladroitement, comme un homme qui ne connaît pas bien les règles de l'art et ne s'en soucie point. Mérimée, au contraire, possédait, en maître artiste, toutes les ressources de son instrument. Stendhal admirait naïvement Mérimée, si un tel mot peut s'appliquer à un tel homme; Mérimée ne rendit jamais à Stendhal cette admiration.

Ils attribuaient l'un et l'autre une importance capitale à l'anecdote. Ce mot, aujourd'hui si discrédité, avait alors des grâces que nous ne soupçonnons pas. Il signifiait le petit fait suggestif, qui peint un caractère ou une société. Pour Stendhal, le roman était un chapelet d'anecdotes bien choisies, et l'histoire n'était pas autre chose pour Mérimée. Sur les prêtres, les femmes, l'amour et le monde, ils pouvaient s'entendre sans être tout à fait d'accord. Ils se moquaient ensemble de la religion, de ses ministres et de ses fidèles. Mais Mérimée, qui avait grandi hors du christianisme et que personne n'obligeait à croire, n'était pas, en ces matières, échauffé, comme Stendhal, par d'âpres et inoubliables colères d'enfance. Son athéisme ne prit jamais le caractère agressif et rancunier qui caractérisait celui de son ami. De même sur la question des femmes. Les façons brutales et expéditives que préconisait Stendhal n'étaient pas du goût de Mérimée. Disons à la louange du second qu'en amour il fut plutôt gourmand que glouton. Il a su, dans la femme, comprendre non seulement la maîtresse, mais la mère et l'amie ; il a connu et goûté le charme que répandent autour d'elles les femmes vertueuses et distinguées, le bien qu'elles font aux âmes et aux esprits : toutes choses qui sont restées inintelligibles à l'ancien dragon de l'armée d'Italie.

Malgré toutes ces différences dans la façon de sentir, Mérimée avait raison d'écrire à Mlle Dacquin que les idées de Beyle avaient « déteint sur les siennes ». Peut-être est-ce encore la meilleure façon de définir cette influence indirecte, continue, cette série d'innombrables contacts par lesquels nous absorbons peu à peu l'âme de ceux qui vivent et pensent auprès de nous. Il y eut, jusqu'à la fin, un peu de Stendhal enterré en Mérimée et il n'en savait rien.

Cette pénétration intime ne fut point réciproque : Stendhal avait dépassé l'âge où l'on subit les influences. Elle ne fit sentir tous ses effets chez le plus jeune des deux amis qu'au bout de quelques années. Elle commençait à peine lorsqu'il débuta dans la littérature. Sa première œuvre imprimée, ou du moins la plus ancienne que les bibliographes aient su retrouver jusqu'ici, a pour titre : *la Bataille*. C'est un roman condensé en une page, et un roman dont l'idée n'a rien de très clair ni de très original. On nous parle d'un autre roman commencé en collaboration avec le marquis de Varennes et qui ne fut pas achevé. A l'une des réunions du dimanche, chez Étienne Delécluze, Mérimée donna lecture d'un drame intitulé : *Cromwell*, dont rien ne subsiste et dont nous ne savons rien, si ce n'est que ce drame était affranchi de toutes les règles et de toutes les bienséances classiques. Albert Stapfer, qui assistait à la lecture, n'en conservait, lorsqu'on fit appel à ses souvenirs au bout d'un demi-siècle, qu'une idée très vague. Il croyait se rappeler que la pièce avait la forme d'un spectacle de marionnettes et que l'imprésario, de temps à autre, prenait la parole et dialoguait avec le public. Delécluze, qui notait ses impressions au jour le jour après le départ de ses jeunes amis, n'est pas beaucoup plus explicite. Il nous apprend seulement que Stendhal et la bande romantique admirèrent bruyamment les hardiesses de l'auteur qui faisaient hocher la tête aux aristarques du *Journal des Débats*. « On s'étonnait qu'un homme si jeune eût une connaissance si profonde des passions et on était presque tenté de l'en plaindre. » Nous sommes un peu embarrassés entre les deux témoignages, dont l'un nous fait pressentir, dans ce *Cromwell* disparu, une fantaisie à outrance, l'autre une psychologie réaliste jusqu'au cynisme. Nous savons encore que ce drame mêlait le comique au tragique. L'époque choisie prêtait assurément à ces contrastes. D'ailleurs le jeune écrivain avait peut-être cherché ses modèles autour de lui et il est très permis de supposer que les « cafards » de 1825 avaient posé, à leur insu, pour les puritains de 1650.

Peu après, Mérimée lisait aux habitués du dimanche les pièces qui forment le *Théâtre de Clara Gazul*. L'approbation fut unanime, et le succès était — semble-t-il — beaucoup mieux mérité cette fois. Des cinq pièces qui composent la première édition parue en 1825, deux, l'*Amour Africain* et *Inès Mendo*, sont des pastiches plus ou moins heureux de l'ancien drame espagnol. C'est la même passion absolue, aveugle, intransigeante, qui naît en un instant, va droit devant elle comme un rocher sur une pente rapide, brisant tous les obstacles jusqu'à ce qu'elle se brise elle-même. Des événements terribles, des sentiments violents et contradictoires, l'excès en tout, des héros et des monstres, des hommes fous de colère, d'orgueil, d'amour, de repentir. Mérimée ne tire point ces choses de lui-même : c'est l'imagination de Cervantès, de Lope, de Calderon, qui est entrée en lui, qui travaille dans son cerveau et réinvente tout cela. Au milieu de ce fouillis dramatique, l'historien ou, si l'on veut, l'amateur d'histoire qui était déjà dans Mérimée et qui devait l'absorber tout entier, s'est fait une toute petite place. Avec son prologue, qui est toute une pièce, ses coups de théâtre, son intrigue qui court follement d'un lieu à un autre, le drame, illogique à plaisir, d'*Inès Mendo*, est parfaitement injouable, mais il ne serait pas impossible d'en tirer un mélodrame pour nos scènes du boulevard.

Dans *Une Femme est un diable* et dans *le Ciel et l'Enfer*, l'inspiration est à la fois plus personnelle et plus moderne. La couleur espagnole, bien que soigneusement imitée, n'est plus qu'une couche superficielle. C'est, en réalité, aux dévots et aux dévotes de la Restauration que s'adresse la satire. Un peu grossière dans la première de ces deux saynètes, elle est plus vive, plus élégante et plus fine dans la seconde, qui eut un grand succès d'impiété chez Delécluze. Pour que nous puissions la goûter au même degré, il faudrait que l'histoire, en se répétant, ramenât des temps et des mœurs semblables. A part une scène de *le Ciel et l'Enfer*, nous ne pressentirions pas Mérimée dans le volume de 1825 s'il ne contenait les *Espagnols en Danemark*, où il y a des parties de chef-d'œuvre. La pièce était censée l'œuvre d'une étrangère, et cette fiction lui permettait de dire de dures vérités à notre chauvinisme. Tels nous avait vus, pendant quinze années, la haine des vaincus, tels il nous montrait à nous-mêmes, et le tableau n'avait rien de flatteur. Le Résident français dans l'île de Fionie, le lieutenant Leblanc et sa digne mère, Mme de Tourville, l'espionne politique, le premier, une caricature amusante, les deux autres, j'en ai peur, deux canailles authentiques, personnifient tout ce qu'une armée conquérante peut traîner derrière elle de cupidité, de bassesse et même de lâcheté, l'envers ténébreux et louche d'une grande histoire. Évidemment il y avait des corbeaux parmi les aigles et des goujats mêlés aux héros. C'est par ces goujats qu'est représentée la France dans les *Espagnols en Danemark*. L'idée était hardie, l'exécution l'était plus encore. Elle eût révélé une conception de l'art distincte de celles que prêchaient les deux écoles rivales si le Romantisme qui, alors, se connaissait mal lui-même n'eût enveloppé dans sa vague définition toutes les tentatives nouvelles. Lorsque Mérimée inventait Mme de Tourville, l'intrigante Parisienne de bas étage, le type accompli de la vulgarité rusée et de la coquinerie amusante, il se croyait romantique et faisait œuvre de réaliste; il était le précurseur d'une école que vit à peine poindre sa vieillesse et à laquelle il ne montra aucune sympathie.

A la fin de toutes ces pièces, on voit d'après l'usage espagnol, les morts se relever en souriant et saluer le public en le priant d'excuser les fautes de l'auteur. Ainsi nos amours sont des rêves, nos passions des cauchemars; dans l'Art, et peut-être aussi dans la Vie, tout n'est que jeu, passagère illusion, amusement d'une heure. Tant qu'il vivra, tant qu'il écrira, Mérimée restera l'homme de ce dénouement ironiquement symbolique.

Les supercheries littéraires étaient fort à la mode, et dans le cas particulier où se trouvait Mérimée, un déguisement n'était pas inutile pour faire accepter au public un livre où l'on se moquait à la fois de la dévotion, alors toute-puissante auprès d'une moitié de la nation, et de la légende napoléonienne, restée chère à l'autre moitié. Les cinq pièces furent donc présentées comme l'œuvre d'une célèbre comédienne espagnole appelée Clara Gazul. Une biographie imaginaire, des notes explicatives achevaient de rendre la fiction vraisemblable. On avait même songé à s'approprier la couverture verdâtre d'une collection alors fameuse qu'éditait Ladvocat, les *Chefs-d'œuvre des théâtres étrangers*. Mais, dans ce cas, la supercherie se serait compliquée d'une sorte de tricherie. On recula devant les conséquences légales d'une telle plaisanterie. Quelques exemplaires parurent avec le portrait de la « célèbre comédienne ». C'était l'auteur lui-même d'après un croquis de Delécluze qui le représentait en mantille, épaules nues, avec une croix d'or au cou.

Il ne semble pas que la mystification ait été poussée bien loin ni que Mérimée eût vraiment le désir de se cacher. Il signait gaîment ses lettres du nom de Clara Gazul et son père offrait un exemplaire du volume sans aucune réticence à l'un de ses professeurs de la Faculté de droit. Ampère démasqua sans façon la fausse Gazul et imprima « qu'un Shakspeare nous était né ».

Le *Théâtre de Clara Gazul* excita une vive curio-

sité parmi la jeunesse lettrée, mais il ne semble pas
que le succès se soit étendu jusqu'au grand public,
puisque la première édition mit cinq ans à s'écouler.
Si nous en croyons Mérimée lui-même, la *Guzla*, le
second volume qu'il publia en août 1827, aurait été
moins bien accueillie. Dans la préface de la seconde
édition, parue en 1842, il a raconté, de la façon la
plus dédaigneuse et la plus impertinente, l'origine
et la destinée de la *Guzla*. Le nouveau Shakspeare et
son complaisant critique avaient fort envie de voyager
dans l'Europe orientale, mais l'argent leur manquait
pour satisfaire cette fantaisie : « L'idée nous vint
d'écrire notre voyage, de le vendre avantageusement
et d'employer nos bénéfices à reconnaître si nous nous
étions trompés dans nos descriptions ». On se partagea la besogne. Mérimée, pour son compte, eut à
« recueillir » les chansons populaires de l'Illyrie.
« Pour me préparer, dit-il, je lus le voyage en Dal-
matie de l'abbé Fortis et une assez bonne statistique
des anciennes provinces illyriennes, rédigée, je crois,
par un chef de bureau au ministère des affaires
étrangères. » Avec ces documents et cinq ou six
mots de slave appris je ne sais où, il composa en
quinze jours la collection de ballades qui forment la
Guzla dans l'édition de 1827 et auxquelles, en 1842,
il ajouta cinq poèmes nouveaux conçus dans le même
esprit. Le fameux projet de voyage était déjà abandonné, mais le volume était prêt : on le publia. « Il

s'en vendit, dit Mérimée, une douzaine d'exemplaires. »

Lorsqu'il écrivait cette préface railleuse et pas absolument sincère, Mérimée avait rompu depuis longtemps avec ses amis de 1827 devenus ses adversaires, et dans l'intérêt de ses candidatures académiques, il les ridiculisait de son mieux. Il reprenait l'œuvre de sa jeunesse et l'offrait de nouveau au public comme une parodie de l'école romantique. C'est à peu près ainsi que Musset avait écrit sa ballade à la lune. La *Guzla* servait à montrer que la couleur locale est une duperie, qu'elle se fabrique à bon marché et ne répond à rien de véritable.

Si la *Guzla* n'est qu'une mystification, c'est, à coup sûr, une des mystifications les mieux faites dont l'histoire littéraire ait à faire mention. La biographie du prétendu barde Maglanovitch, les notes, les appendices ne sont pas seulement d'amusants, d'ingénieux mensonges, habilement encadrés dans des notions vraies ; toute cette partie accessoire de l'œuvre a une physionomie et un sens. Dans le commentateur imaginaire, Mérimée fait le portrait de l'antiquaire naïf, de l'érudit ignorant et dénué de critique. Ce type, il le pressentait à merveille ; plus tard sa profession lui permit de l'étudier à fond. Il y est revenu à plusieurs reprises, jamais avec plus de bonheur que dans la *Guzla*.

Quant aux poèmes en eux-mêmes, si Mérimée les

traitait à quarante ans avec un dédain un peu affecté,
cela tient peut-être à ce qu'il ne sentait plus fleurir
en lui, dans toute leur vigueur d'autrefois, les facultés
qui les avaient produits. S'il est vrai, comme il nous
l'assure, que la *Guzla* passa inaperçue en France,
elle eut un retentissement considérable à l'étranger.
Gœthe écrivit un article pour la signaler au public
allemand et Pouchkine traduisit plusieurs pièces en
russe, comme pour rendre aux Slaves ce qui appartenait aux Slaves. Ce fait donne à réfléchir. Lorsque
le génie d'une grande race, représenté par son poète
le plus illustre, se reconnaît dans une manifestation
littéraire, personne n'a plus le droit de mépriser
cette manifestation, pas même celui qui en est l'auteur. La couleur des poèmes de la *Guzla* n'est pas
locale, je le veux; elle n'est pas strictement nationale, mais cette couleur existe. Les personnages de
ces petits récits sont des primitifs. C'est en primitifs qu'ils sentent, qu'ils parlent, qu'ils aiment, qu'ils
se battent et qu'ils meurent. Nulle part vous ne
verrez passer le bout d'une âme moderne sous le
travesti médiéval. Ont-ils ou non la particularité
voulue, la nuance albanaise, dalmate ou slovaque?
Je n'en sais rien. Doivent-ils une partie de leurs
idées et de leurs sentiments aux héros des romances
du Cid et des ballades du border écossais? C'est
fort possible. Sont-ce des sauvages authentiques ou
des êtres de pure invention? Peut-être encore, mais,

dans ce dernier cas, il faut reconnaître que la *Guzla* marque l'apogée du don créateur chez Mérimée. Jamais, à aucune époque de sa vie, ni auparavant ni depuis, il n'a eu autant d'imagination que dans ces prétendus chants illyriens. Nous y perdons de vue, par instants, le Mérimée moqueur; nous ne sommes plus poursuivis par cet éternel sourire qui gâte certains passages de ses meilleures œuvres. Quelques-uns de ses morceaux, comme l'*Aubépine de Veliko* et la *Vision de Thomas II* sont de la tragédie fruste et barbare où la main de l'artiste est invisible. Et cependant combien n'a-t-il pas fallu d'art ou d'heureux instinct à un bourgeois moderne pour nous montrer cette sombre poésie de la haine qui traverse et illumine comme un éclair des âmes incultes! Que manque-t-il à ces petits poèmes pour s'être gravés dans le souvenir des hommes, sinon la forme du vers? En tout cas, l'heure est passée. Précisément parce que nous sommes épris de folk-lorisme, parce que nous recueillons avec curiosité, avec piété, avec amour, les moindres productions de l'imagination populaire dans les pays lointains et dans les anciens âges, nous rejetons sans pitié les contrefaçons et les pastiches. Le vieux-neuf n'ose plus se montrer dans nos salons ni la ruine artificielle dans nos jardins. Ainsi en littérature, Mérimée, qui a contribué très efficacement à cette révolution du goût, se résignait facilement à la dépréciation inévitable dont elle frappait ses premiers ouvrages et surtout la *Guzla*.

Mais, en 1827, il subissait les influences du milieu littéraire où il travaillait et auquel plaisait le perpétuel mélange de la vérité et de la fiction. Entraîné par ses dons de conteur et par son instinct d'historien, il menait de front les deux vocations et prétendait les exercer ensemble, les employer aux mêmes travaux. De là naquirent la *Jacquerie* en 1828 et la *Chronique du temps de Charles IX* en 1829.

La *Jacquerie* a la forme d'un drame, mais n'en a que la forme. Mérimée avait lu tout ce qu'on pouvait lire alors sur ce milieu du XIVe siècle, époque troublée qui nous offre un spectacle si étrange et si fascinant. Stimulée par des souffrances sans nom, l'humanité s'agita, entrevit de redoutables vérités; puis, après quelques coups frappés à tâtons, retomba d'un despotisme sous un autre. Si nous ne savions le dénouement, nous pourrions nous figurer un instant que 89 va succéder sans transition à la féodalité, mais une autre force, le pouvoir absolu des rois, allait se glisser entre le peuple et les grands, dominer pendant quatre siècles. Quelques pages suffiraient à un Michelet, à un Carlyle, à un Taine, pour nous montrer le gigantesque effort et le douloureux avortement. Mérimée entrevoyait ces choses; il les aborda à sa façon, les traita non par la synthèse, mais par l'analyse. Il collectionna les faits sociaux qui se sont passés sur différents points de la France entre la bataille de Poitiers et la mort du roi Jean, et il imagina de les condenser dans une action qui aurait pour théâtre un coin du Beauvaisis. Il ramassa méthodiquement tous les types du temps, routiers, hommes d'armes, moines et gens d'église, bourgeois et paysans. Chaque espèce avait ses variétés individuelles, chaque genre ses sous-genres; il n'en omit aucun. Il eut ainsi à sa disposition une toile de fond, un immense amas d'accessoires, une armée de figurants et il crut son œuvre finie. Elle n'était seulement pas commencée. Il lui fallait oublier la moitié, les trois quarts, peut-être les neuf dixièmes de ce qu'il avait si péniblement recueilli, ne garder que l'âme, l'émotion, la fureur et la terreur du temps, et incarner ces sentiments dans trois ou quatre caractères sur qui se serait concentré notre intérêt. C'est ce qu'il n'a point fait. Notre attention abandonne sans cesse les héros du drame pour s'attacher aux comparses, ou plutôt il n'y a ni héros, ni comparses, ni drame, et notre impression est celle d'une foule agitée et confuse qui grouille au premier plan. De là un manque de perspective et un manque d'unité. La *Jacquerie* n'est ni du théâtre, ni de l'histoire; mais elle contient, sous une forme pittoresque, l'exacte psychologie du temps.

Le succès de la *Chronique* fut beaucoup plus considérable. Il s'explique par la valeur même de l'ouvrage et aussi par certaines circonstances particulièrement favorables qui lui assuraient à l'avance des lecteurs enthousiastes. Les volumes de Walter Scott étaient alors dans toutes les mains et leur vogue avait suffi non seulement à populariser le nom de l'auteur, mais à rendre presque célèbre le traducteur, M. Defauconpret. La *Chronique* était un roman de Walter Scott, assaisonné de l'esprit le plus franc et dégagé des longueurs qui alourdissent les *Waverley Novels*. Les romantiques, qui tenaient Mérimée pour un de leurs champions, ne pouvaient manquer de l'applaudir. Les classiques, en revanche, étaient forcés de rendre justice à ce style alerte et vif, en même temps que châtié, qui rappelait nos meilleurs modèles. Les partisans des études sérieuses trouvaient dans la *Chronique* des chapitres d'histoire comme, par exemple, ce beau portrait de La Noue que le *Globe* cita en entier au lendemain de l'apparition du volume. Les amis de l'érudition gaie — il y en avait beaucoup en France, à cette époque — admiraient dans le sermon du frère Lubin un excellent pastiche des prédicateurs de la Ligue. Ceux qui, avant tout, voulaient rire et aimaient l'esprit pour lui-même faisaient leurs délices de morceaux tels que les *Reitres* ou les *Deux Moines*. Le public des cabinets de lecture qui demandait des émotions, de l'amour et du sang, se voyait servir ses aliments ordinaires qui ne perdaient rien de leur saveur à être apprêtés par un maître cuisinier. Enfin la *Chronique* était une œuvre d'actualité ou — comme nous dirions encore — un livre de combat. En rappelant les excès de la Ligue, elle attisait les colères libérales contre les nouveaux ligueurs de 1829.

Parmi les raisons qui firent le grand succès de la *Chronique*, il en est d'accidentelles et de transitoires; il en est aussi de permanentes et de définitives. Sans placer le livre aussi haut que l'avaient fait ses contemporains, elles l'ont maintenu à un rang très honorable parmi les œuvres qui durent et qu'on relit. Les passions religieuses ou antireligieuses ont beaucoup perdu de leur acuité, et les adversaires les plus décidés du catholicisme auraient mauvaise grâce à se dire ou à se croire menacés d'une Saint-Barthélemy. D'autre part, le roman historique ne jouit plus de la même popularité, et les efforts intelligents, tentés pour le ranimer, n'ont pas encore réussi. Le public trouve que ce roman contient trop d'histoire; les critiques l'accusent de n'en pas contenir assez. Peut-être Mérimée lui-même, comme nous le verrons, a-t-il travaillé à répandre cette sévère façon de voir, et il se condamne en quelque sorte lorsqu'il condamne si durement, dans une de ses lettres, Walter Scott, son ancien modèle, devenu sa bête noire. Cependant on peut essayer de le défendre, cette fois encore, contre son propre dédain. L'histoire contenue dans la *Chronique* est-elle de la fausse et fantastique histoire comme celle du *Vicomte de Bragelonne* et du *Chevalier de Maison-Rouge*? Assurément non. Est-ce de la bonne et sérieuse histoire qui laisse derrière elle une notion absolument nette et juste? Oui, en ce qui touche la peinture des mœurs et des caractères, du cadre et des accessoires. Non, en ce qui touche le grand événement qui fait le fond du récit et le nœud du drame. On n'a pas assez remarqué la contradiction flagrante qui existe entre la préface et le roman. Dans la préface, le massacre des huguenots est présenté comme un accident, une explosion du fanatisme populaire, rendue vraisemblable par l'étrange état d'âme des Parisiens en 1572. Le roi est entraîné à la suite des Guises parce que toute révolution qui réussit prend une force irrésistible. Dans le roman, Charles IX joue le rôle d'un noir et lâche coquin. C'est lui, à n'en pas douter, qui est cause de la mort de Coligny, puisque, dans une scène très dramatique, il essaie de décider l'aîné des Mergy à se charger du crime. Et lorsque, le soir du 24 août, Maurevel prend le commandement des chevau-légers pour leur faire jouer un rôle actif et important dans le massacre, il est porteur d'une commission royale. D'où il suit que Charles IX est responsable et du premier crime et de ceux qui vont suivre, qu'il est bien véritablement le meurtrier de l'amiral et l'organisateur de la Saint-Barthélemy. Évidemment si la préface a raison, le roman a tort, mais sur tous les points de détail, il défie la critique.

Soit qu'il obéît à sa propre nature qui excluait les émotions profondes, soit qu'il crût nécessaire d'atténuer l'atrocité d'un tel sujet, cette terrible tragédie est loin de donner, dans la *Chronique de Charles IX*, toute l'angoisse et toute l'horreur qu'elle nous semble contenir. Pourtant le tableau est fidèle et les cruels détails n'y manquent pas. Qu'est-ce donc? L'auteur ne perd pas un instant son sang-froid et sa bonne humeur. On sent en lui cette légèreté et cette insouciance qui ont été si longtemps un des éléments de notre caractère national et qui donnaient une teinte gaie à l'héroïsme des anciens Français. Nous, nous sommes tristes, nous prenons la vie et la mort au sérieux et nous imposons cette tristesse aux arts, à la littérature. Nous demandons une émotion qui aille jusqu'à la souffrance. Or, celle que Mérimée nous donne n'est qu'une émotion d'opéra à laquelle se mêlent l'amusement du spectacle et la pensée que tout à l'heure les morts viendront, comme dans le théâtre de Clara Gazul, s'incliner devant la rampe. Notre manière de sentir vaut-elle mieux que celle du public de 1829? Durera-t-elle ou sera-t-elle suivie d'un retour à l'âme gauloise? La *Chronique de Charles IX* perdra ou retrouvera des lecteurs suivant ces fluctuations de l'esprit national. De toute façon elle a définitivement échappé à l'oubli qui menace toutes les œuvres très applaudies, une fois l'heure de la première vogue passée.

Cette vogue, succédant à l'accueil peu empressé que la *Jacquerie* avait reçu du public a eu de l'influence sur la destinée de Mérimée. Ce « méchant roman », comme il le désignait dans une lettre intime, parut démontrer que décidément sa vocation était d'être un conteur et que sa place n'était point au théâtre. L'année suivante, il employa pourtant la forme dialoguée dans les *Mécontents* et il y revint encore, longtemps après, dans les *Deux Héritages*, mais il est évident qu'il ne croyait pas faire du théâtre, pas même du théâtre impossible. Il fut fort étonné, presque contrarié, et passablement inquiet lorsqu'en 1850, Arsène Houssaye eut la fantaisie de faire jouer au Théâtre-Français le *Carrosse du Saint-Sacrement*. Malgré le talent des artistes, la pièce eut peu de succès et disparut promptement de l'affiche. Mérimée, attiré par un épisode émouvant de l'histoire de Russie, ébaucha un drame sur le « faux Démétrius » ; mais, défiant de ses forces, s'arrêta aux premières scènes. Une dernière fois, le théâtre vint le tenter sous la forme attrayante d'une collaboration avec Augier. Ils en causèrent beaucoup, mais rien ne fut fait, et nous n'en saurions rien sans cette volumineuse correspondance qui ne nous laisse ignorer aucune de ses velléités littéraires. Là se bornèrent ses expériences dramatiques. « Je n'ai aucune habitude de la scène, écrivait-il à Augustine Brohan, et je suis particulièrement impropre à écrire pour le théâtre. » Voilà où en était venu l'homme qu'on avait présenté au monde littéraire comme un nouveau Shakspeare! Il y avait un peu d'exagération ou d'affectation dans le jugement sévère qu'il portait ainsi sur lui-même. En réalité, il avait un grand défaut pour le théâtre : c'est qu'il prêtait sa langue, ses allures et son esprit à tous ses personnages. Il avait, par contre, une qualité maîtresse, la concentration; mais cette qualité devient elle-même un défaut, si elle est poussée trop loin. Certaines scènes, éparses dans ses œuvres de jeunesse, nous portent à regretter cette première vocation, si brillamment manifestée et si promptement abandonnée. En faisant de lui un conteur, le succès de la *Chronique de Charles IX* pourrait nous avoir privés d'un auteur dramatique.

CHAPITRE II

LES NOUVELLES DE MÉRIMÉE
CARRIÈRE ADMINISTRATIVE ET VIE MONDAINE

« Je travaille extraordinairement, écrivait Mérimée à son ami Albert Stapfer, le 15 décembre 1828.... Si Dieu m'est en aide, je noircirai du papier en 1829. » Il se tint fidèlement parole. Cette année et celle qui suivit furent pour l'écrivain des années heureuses et fécondes. Il donna à la *Revue de Paris* plusieurs nouvelles qui mirent le sceau à sa jeune réputation. Dans la *Vision de Charles XI*, s'emparant d'un document historique, il préludait à ces effets de terreur dont il pensa atteindre le comble dans la *Vénus d'Ille*. *Tamango* était une bizarre et émouvante histoire où l'intérêt se renouvelait et grandissait par une série de coups de théâtre inattendus. Les *Mécontents*, satire dialoguée, mettait en scène les hobereaux royalistes et la clique qui soutenait Villèle et Polignac.

L'intérêt d'actualité qui s'attachait aux *Mécontents* n'existe plus pour une génération que ne menace aucun péril réactionnaire et clérical. Dans cet ordre d'idées on préférera les opuscules de Paul-Louis et même les *Soirées de Neuilly*. Les *Mécontents* ne sont plus qu'un document pour l'histoire des passions politiques et peut-être faut-il en dire autant du *Vase étrusque* en ce qui touche la vie des salons. Ce récit n'est que l'idylle de l'adultère mondain à laquelle l'auteur a cousu tant bien que mal un brusque et tragique épilogue. Assez pauvre en lui-même, il doit l'attention que nous lui donnons à un hors-d'œuvre et à un portrait qui, lui-même, par sa minutie et son étendue, dépasse toutes les proportions de l'insignifiante action romanesque où il est encadré. Le portrait est celui d'Auguste Saint-Clair, en qui Mérimée se peignait complaisamment. Le hors-d'œuvre est une conversation de jeunes gens autour d'une table de restaurant. Un voyageur qui revient d'Orient déballe ses impressions. On y voit l'état d'âme des dandies avec leurs préoccupations ordinaires, leurs tics, leur argot, comme on trouve les « cocodès » du second Empire dans les petites scènes de la *Vie Parisienne* auxquelles restent attachés les noms de Gustave Droz et de Ludovic

Halévy. Mérimée est un des créateurs du genre, et c'est dans ses nouvelles mondaines, comme le *Vase étrusque* et la *Double Méprise*, qu'il faut chercher la jeunesse élégante et impertinente de ce temps-là plutôt que dans les œuvres de Balzac et de Charles de Bernard, ses contemporains.

Personne ne méconnaît la valeur de ces notes prises sur la vie fashionable et rédigées par une plume fine et brillante. Mais un art bien supérieur se révèle dans quelques pages de la *Partie de tric-trac* et surtout dans la scène où Roger, qui a triché au jeu, discute avec son ami et sa maîtresse la nécessité de son propre châtiment.

« Je ne savais que lui dire ; je lui serrais les mains.... Enfin l'idée me vint de lui représenter qu'après tout il n'avait fait perdre au Hollandais par sa tricherie que vingt-cinq napoléons.

— Donc, s'écria-t-il avec une ironie amère, je suis un petit voleur et non un grand ! Moi qui avais tant d'ambition ! N'être qu'un friponneau ! »

Et il éclata de rire.

Je fondis en larmes.

Tout à coup, la porte s'ouvrit. Une femme entra et se précipita dans ses bras. C'était Gabrielle.

« Pardonne-moi, s'écria-t-elle en l'étreignant avec force, pardonne-moi. Je le sens bien, je n'aime que toi. Je t'aime mieux maintenant que si tu n'avais pas fait ce que tu te reproches. Si tu veux, je volerai, j'ai déjà volé. Oui, j'ai volé, j'ai volé une montre d'or.... Que peut-on faire de pis ? »

Roger secoua la tête d'un air d'incrédulité, mais son front parut s'éclaircir.

« Non, ma pauvre enfant, dit-il en la repoussant avec doucœur, il faut absolument que je me tue. Je souffre trop. Je ne puis résister à la douleur que je sens là.

— Eh bien, si tu veux mourir, Roger, je mourrai avec toi. Sans toi, que m'importe la vie ! J'ai du courage, j'ai tiré des fusils : je me tuerai tout comme un autre.... D'abord, moi qui ai joué la tragédie, j'en ai l'habitude. »

Elle avait les larmes aux yeux en commençant : cette dernière idée la fit rire et Roger lui-même laissa échapper un sourire.

« Tu ris, mon officier, s'écria-t-elle en battant des mains et en l'embrassant : tu ne te tueras pas ! »

Cette page est haletante. L'auteur n'y a pas laissé entrer un seul mot qui ne contienne de l'émotion et ne porte un nouveau coup à notre sensibilité. La mort de Roger à bord de la frégate attaquée par les Anglais n'est pas moins étonnante par sa forte et magistrale brièveté. Dans *Mateo Falcone*, il faudrait tout citer depuis le moment où le drame s'engage jusqu'au terrible dénouement. Chargé de garder la maison en l'absence de son père Mateo et de sa mère Giuseppa, le petit Fortunato a donné asile à Giannetto, le proscrit qui, blessé à la jambe, n'a plus la force de se traîner jusqu'au mâquis. Est-ce humanité chez l'enfant ? Il a plutôt agi par orgueil, pour obéir à ce vague instinct de braver la loi et surtout parce qu'il sait que son père, s'il eût été là, aurait fait de même. Il cache Giannetto sous un tas de foin et, sur ce foin — détail où Mérimée peint l'astuce des primitifs, — l'enfant a installé la chatte avec ses petits. Mais voici l'officier Gamba avec ses voltigeurs, à la recherche du bandit. Il cajole, il menace ;

enfin, il s'avise de promettre une montre au petit
Fortunato.

Il approchait toujours la montre, tant qu'elle touchait
presque la joue de l'enfant. Celui-ci montrait bien sur sa figure
le combat que se livraient en son âme la convoitise et le respect dû à l'hospitalité ; sa poitrine nue se soulevait avec force
et il semblait près d'étouffer. Cependant la montre oscillait,
tournait et, quelquefois, lui touchait le bout du nez. Enfin
sa main droite s'éleva peu à peu vers la montre. Ses doigts
la touchèrent et elle posait tout entière dans sa main, sans
que l'adjudant lâchât pourtant le bout de la chaîne. Le cadran
était azuré ; la boîte nouvellement fourbie. Au soleil, elle
paraissait toute de feu.

Fortunato cède à la tentation ; d'un coup d'œil il
désigne la cachette du malheureux. La capture de
Giannetto, le retour de Mateo, le départ du prisonnier et le supplice de l'enfant exécuté et enterré par
son père au fond d'un ravin, tout cela est non pas
raconté, mais *montré*. Point d'explications ni de
réflexions, aucune épithète parasite, rien que des
faits et, parmi ces faits, il n'en est pas un seul qui
soit insignifiant. On aurait peine à trouver dans
notre littérature un autre exemple d'un pareil
drame, ramassé ainsi en dix pages ; à moins de le
demander encore à Mérimée lui-même.

En effet l'*Enlèvement de la redoute* n'est pas inférieur à *Mateo Falcone*. Peut-être fut-il écrit au
sortir d'une de ces étourdissantes conversations avec
Stendhal, où toutes les proportions et la perspective de l'histoire officielle étaient renversées, où les

héros devenaient des pygmées, et réciproquement, où les actes les plus extraordinaires paraissaient tout simples, tandis que les faits les plus imperceptibles prenaient une valeur saisissante.

Le colonel était renversé tout sanglant sur un caisson brisé, près de la gorge. Quelques soldats s'empressaient autour de lui; je m'approchai.

« Où est le plus ancien capitaine? » demanda-t-il à un sergent.

Le sergent haussa les épaules d'une manière très expressive.

« Et le plus ancien lieutenant

— Voici monsieur qui est arrivé d'hier », dit le sergent d'un ton tout à fait calme.

Le colonel sourit amèrement.

« Allons, monsieur, vous commandez en chef. Faites promptement fortifier la gorge de la redoute avec ces chariots, car l'ennemi est en force, mais le général G*** va vous faire soutenir.

— Colonel, lui dis-je, vous êtes grièvement blessé.

— F..., mon cher, mais la redoute est prise. »

N'est-ce pas l'épopée impériale en raccourci? Le lieutenant qui est arrivé de la veille et qui se trouve commander un régiment comme « le plus ancien » symbolise d'une manière effrayante cette race d'hommes extraordinaires, cette course à la gloire, cette terrible loterie où ils mettaient leur vie pour enjeu et où les survivants gagnaient des trônes ou des bâtons de maréchaux. La nouvelle se termine par un gros mot sublime comme s'était terminée au moment de la catastrophe suprême l'histoire vraie de ces vingt années.

Dans ces trois nouvelles, l'esthétique de Mérimée rappelle celle d'un art différent, qu'il a lui-même définie avec un goût très sûr et très pénétrant : celle du graveur en médailles. L'artiste est assujetti à toutes les difficultés du bas-relief et à toutes les exigences de la sculpture. Dans ce cercle qui compte deux ou trois pouces de diamètre, il doit donner la vision des foules, l'illusion des lointains, la sensation du grand. Pour le faire, il ne peut, comme le peintre, se réfugier dans le vague de l'esquisse. Il faut être suggestif sans cesser d'être précis : c'est donc le triomphe de l'art qui choisit et ne se permet pas un trait inutile ou médiocre. Tel est le tour de force qu'il a plu à Mérimée d'exécuter et ses nouvelles sont les « médailles » de notre art littéraire.

La modestie sied, dit-on, au talent, mais il est bien rare que nous puissions la contempler avec cette parure et le Mérimée de 1829 ne réserve pas cette joie à son biographe. Jeune homme à bonnes fortunes et auteur à succès, les salons le gâtaient comme ses parents l'avaient gâté, tout petit, à la maison. Les taquineries du collège qui avaient glissé leur amertume salutaire dans l'intervalle étaient oubliées; il nageait en pleine adulation et il recherchait surtout la société des femmes qui sont des artistes-nées en flatterie. Bien reçu chez la Pasta, il était le confident de Mme de Mirbel, la célèbre miniaturiste, et de Mme Ancelot, l'un des bas-bleus les plus en vue de l'époque. Mme Récamier, qu'il détestait, mais qui ignorait cette antipathie ou qui désirait la vaincre, voulait faire de lui un secrétaire d'ambassade. On le fêtait dans les salons doctrinaires à cause de sa brillante tenue et des gages qu'il avait donnés à la cause libérale. Quand on enterra, avec une pompe républicaine, le général Foy, il fut un des porteurs du cercueil et figure comme tel dans le fameux bas-relief de David d'Angers. Sans déplaire aux classiques, il était considéré comme un des chefs du romantisme. On le voit en relations fréquentes avec Hugo, sollicitant et obtenant des places pour la première d'*Hernani*, donnant, à propos du dénouement de *Marion Delorme*, un conseil qui fut suivi, reçu chez les Hugo, sur le pied de la plus amicale familiarité. « M. Mérimée venait quelquefois, lisons-nous dans *Victor Hugo raconté par un témoin de sa vie*. Un jour qu'il dînait et que la cuisinière avait manqué complètement un plat de macaroni, il offrit de venir en faire un, et, à quelques jours de là, il vint, ôta son habit, mit un tablier et fit un macaroni qui eut autant de succès que ses livres. »

Après avoir fait manger du macaroni à Victor Hugo, il se crut de force à lui faire avaler Stendhal. Il les invita à venir chez lui le même jour. Sainte-Beuve a raconté cette curieuse soirée où l'auteur de *Racine et Shakspeare* et l'auteur de la préface de *Cromwell* se regardaient en faisant le gros dos

« comme deux chats de gouttières opposées ». Cette soirée fut décisive : le gros de l'armée romantique suivit Hugo, et Stendhal demeura un isolé. Les deux « gouttières » ne devaient et ne pouvaient se réconcilier.

Mérimée ne paraissait guère s'en inquiéter. Très consciencieux, très appliqué, il ne faisait rien sans le faire à fond et sans s'y donner tout entier. Mais il cachait avec le plus grand soin le bénédictin sous le dandy. Des passions littéraires? Il eût rougi d'en montrer aucune. Qu'importait la grandeur ou la décadence des écoles? Un nœud de cravate, un sourire de jolie femme, voilà les grandes affaires de ce monde. Cette affectation — car c'en était une, assurément — avait pour but de placer un rempart entre lui et les « cuistres ». Par ce mot, alors fort à la mode, il entendait tous ceux qui avaient une conception de la vie différente de la sienne : les gens qui possèdent une femme et des enfants et qui les aiment, qui se lèvent de bonne heure et se couchent tôt, qui portent des vêtements défraîchis et n'entendent rien à la musique italienne ni à la cuisine cosmopolite; en un mot, les honnêtes gens, qui ont souvent le malheur d'être ennuyeux et quelquefois le malheur encore plus grand d'être vulgaires.

Vers le même temps David d'Angers écrit dans son journal : « Mérimée parle peu. Il joue avec un album, insoucieux de ce qu'il dit, affectant les manières d'un sceptique et d'un homme blasé, mais observant néanmoins les détails avec une extrême finesse. Une certaine timidité, une retenue qui perce toujours à travers l'aplomb que lui fait prendre son excessive confiance dans son mérite forment le fond de son caractère. »

De ce croquis rapide il faut rapprocher le portrait très étudié que Mérimée a tracé de lui-même, sous le nom de Saint-Clair dans le *Vase étrusque* :

« Il était né avec un cœur tendre et aimant; mais... sa sensibilité trop expansive lui avait attiré les railleries de ses camarades. Il était fier, ambitieux; il tenait à l'opinion comme y tiennent les enfants : dès lors il se fit une étude de cacher tous les dehors de ce qu'il regardait comme une faiblesse déshonorante. Il atteignit son but, mais sa victoire lui coûta cher. Il put céler aux autres les émotions de son âme trop tendre; mais, en les renfermant en lui-même, il se les rendit cent fois plus cruelles. Dans le monde, il obtint la triste réputation d'insensible et d'insouciant; et, dans la solitude, son imagination inquiète lui créait des tourments d'autant plus affreux qu'il n'aurait voulu en confier le secret à personne.... Après tout Saint-Clair était un homme assez facile à vivre et ses défauts ne nuisaient qu'à lui seul. Il était obligeant, souvent aimable, rarement ennuyeux. D'ailleurs il était grand, bien fait; sa physionomie était noble, spirituelle, presque toujours trop grave; son sourire était plein de grâce ». Un dernier trait s'ajoute un peu plus loin à cette description physique : « En parlant, il fallait qu'il eût toujours quelque chose entre les mains ». Surtout il ne faut pas oublier le point capital : « Saint-Clair aimait les femmes, dont il préférait la société à celle des hommes. Mais on ne pouvait reconnaître celle à laquelle il était particulièrement attaché que par le soin qu'il mettait à éviter de prononcer son nom ou, tout au moins, à ne jamais l'accompagner d'une expression favorable. »

Ces deux images sont fort différentes. Cependant elles contiennent quelques traits communs. Si l'on fait, dans la première, la part de la malveillance, — David était alors brouillé avec l'auteur du *Vase étrusque*, — et, dans la seconde, la part d'une inévitable complaisance, on arrivera, je crois, à réconcilier les deux portraits. L'un représente, avec une sincérité un peu maligne, le Mérimée extérieur, le Mérimée visible; l'autre nous révèle, en l'idéalisant, le Mérimée intime. A eux deux, ils se complètent; ils nous expliquent pourquoi le même homme faisait aux étrangers, aux passants l'effet d'un fat haïssable, pourquoi, en revanche, il était fort aimé de ses amis.

Les uns avaient raison, mais les autres n'avaient pas tort. Je pourrais multiplier ici les exemples et opposer les témoignages. En regard d'une lettre où M. Albert Stapfer me parlait de « son bon Prosper »,

au dévouement duquel il n'avait jamais fait appel en
vain pour soulager une infortune intéressante ou
encourager le talent inconnu, il me serait facile de
placer une autre lettre où la comtesse de Gasparin me
dépeignait « cet horrible, ce diabolique Mérimée »
qui s'était amusé à la scandaliser et à l'effrayer,
toute jeune femme, par le cruel et dégoûtant récit
d'une exécution capitale. Un autre jour, comme elle
partait pour l'Espagne, elle avait essayé d'obtenir
de lui quelques inspirations pour se guider dans son
pèlerinage artistique et n'avait pu lui arracher qu'une
recette de cuisine. Tourguéneff exprimait admirablement cet étrange dualisme de Mérimée, dans des
paroles qui ont été recueillies de sa bouche et qui
me sont rapportées par un témoin très sûr : « La
sensibilité, disait-il, était le vrai fond de son caractère, mais il vivait masqué ». Et Tourguéneff ajoutait : « J'étais une des bien rares personnes devant
qui il déposât son masque. Il venait quelquefois me
voir uniquement pour respirer à l'aise, avoir des
épanchements sans crainte du ridicule, ôter son
masque ! »

Quant aux « affreux tourments » dont souffrait
Auguste Saint-Clair et, par conséquent, Prosper
Mérimée, on peut les attribuer à une première liaison
dont l'héroïne et les circonstances nous sont mal con-
nues. Tout ce que nous savons, c'est qu'à ce moment
il faillit faire « une grande sottise ». Nous savons

aussi qu'elle était dévote et qu'elle le tracassait de ses scrupules. Fut-ce une souffrance ou un aiguillon? En tout cas, cette femme, en posant pour le caractère de Mme de Turgis (dans la *Chronique de Charles IX*) avait payé l'auteur des angoisses de l'amant.

Ces douleurs, semble-t-il, ne lui faisaient pas perdre un coup de dent à ce « banquet de la vie » qui avait pour lui un menu si appétissant. Dès l'année 1825, il avait fait un voyage en Angleterre, avec Étienne Delécluze, le peintre Eugène Delacroix et Duvergier de Hauranne, qui désirait étudier de près le mécanisme des élections anglaises. C'est alors que Mérimée se lia avec Ellice, plus tard l'un des *Whips* du parti libéral, dont il resta l'ami jusqu'à sa mort, et avec l'avocat Sutton Sharpe, qui devint un de ses compagnons de plaisir. En 1830, il visita l'Espagne. Plus d'un souvenir pittoresque et d'une aventure personnelle qui trouva place dans son œuvre de romancier date de ce voyage où il avoue « avoir fait mille folies ». Ainsi le prototype de Carmen pourrait bien avoir été certaine gitana, rencontrée aux environs du Généralife et qu'il put apprivoiser à demi. La première répugnance une fois surmontée, les *corridas* le fascinèrent à ce point qu'il se surprit applaudissant avec fureur non le *torero*, mais l'animal. Le musée de Madrid, avec ses admirables Velasquez, lui réservait des émotions plus nobles : il les goûta pleinement. A Madrid, il fit la connaissance du comte et de la comtesse de Teba, et vit pour la première fois la future impératrice des Français, alors âgée de quatre ans.

Pendant qu'il voyageait à travers les Espagnes, s'arrêtant dans les plus humbles *posadas* et s'initiant le plus qu'il pouvait à la vie intime, aux mœurs populaires, les Français avaient fait une révolution « à son bénéfice » (le mot est de lui); et, en effet, lorsqu'il arriva à Paris, il s'aperçut qu'il était, ainsi que bien d'autres, un des vainqueurs de Juillet sans avoir pris part à la bataille. M. d'Argout, nommé ministre de la marine, le choisit pour son chef de cabinet. De la Marine, il passa au Commerce, puis à l'Intérieur, toujours accompagné de Mérimée qui dut se trouver un peu moins incompétent et moins dépaysé dans ce dernier département auquel se rattachait alors le service des Beaux-Arts.

Ce que nous entrevoyons de M. le chef du cabinet n'a rien de bien édifiant. Dans les lettres qu'il écrivait à Stendhal, — lettres passablement scandaleuses et fanfaronnes, qui n'ont pas été publiées parce qu'elles ne pouvaient pas l'être, — il se donne pour un homme qui n'a rien à faire et qui s'ennuie. Il emploie le temps et le papier du gouvernement à informer le consul de Civita-Vecchia des menus cancans du monde artistique et littéraire. On le voit, dans ces lettres, occupé de fort petites choses et méprisant ceux qui sont occupés de choses sérieuses.

Il s'y moque de tout le monde à commencer par son chef. « Apollinaire (c'est le nom convenu pour désigner le comte d'Argout) devient tous les jours plus cruche. » Le nez d'Apollinaire remplit des pages qui sont plus impertinentes que spirituelles. Il ne faut pas ignorer qu'au moment où les deux compères se gaussaient de lui si librement, Apollinaire se donnait mille peines pour faire nommer l'un maître des requêtes et décorer l'autre.

On a retrouvé et publié en fac-similé une feuille qui porte l'en-tête officiel du ministère et du cabinet, et par laquelle Mérimée invitait à dîner Eugène Delacroix. L'artiste dessina sur la page blanche un lion du Jardin des plantes, puis déchira la lettre pour conserver le croquis, mais les pattes du lion débordent sur la feuille où Mérimée avait écrit. C'est au café de la Rotonde, dans le jardin du Palais-Royal que se rencontraient les dîneurs, — sans doute les « huit » dont il est question dans une lettre à Mme de Montijo. C'étaient, outre Mérimée et Delacroix, le médecin Koreff, Horace de Viel-Castel, le baron de Mareste, plus Sharpe et Stendhal lorsqu'ils étaient à Paris. Alfred de Musset se joignait souvent à eux, et, au dessert, donnait tristement en spectacle les impures ardeurs de sa jeunesse, si vite épuisée. Les lettres inédites dont il vient d'être parlé ne laissent pas d'illusion sur la manière dont ces jeunes hommes — parmi lesquels plus d'un était vieux — employaient leurs soirées, et lorsque Mérimée, dans une lettre à sa benoîte correspondante de 1857, comparant les soupers du second Empire aux soupers de 1830, donnait l'avantage à ceux-ci au point de vue de l'esprit et de l'élégance des mœurs, soyons persuadés que sa mémoire avait de flatteuses défaillances ou que la distance, comme il arrive, paraît étrangement les objets.

C'est à peu près vers ce temps que se noua, sous les auspices de Sainte-Beuve, sa courte et malheureuse liaison avec Mme Sand. Elle s'enfuit presque aussitôt, révoltée par l'ironie et la sécheresse de Mérimée, qui l'avait considérée comme une simple aventure et fit à ce sujet, dit-on, parmi ses intimes, de cruelles confidences. Le bas-bleu n'était pas son fait, au moins à cette époque de sa vie : il préférait l'aventurière ou la grande dame. C'est pourquoi il passait et repassait du monde dans ce qu'on a appelé depuis le demi-monde, indulgent aux rats, assidu auprès des marquises, s'amusant des unes et amusant les autres. Il lui arrivait de terminer dans les coulisses de l'Opéra une soirée commencée dans le salon de Mme de Boigne ou à l'hôtel Castellane.

Il est fort difficile de rendre aimable cette période de la vie de Mérimée; le plus complaisant ou le plus effronté des entrepreneurs de réhabilitations posthumes y échouerait. Tout ce que peut tenter le biographe, c'est de la circonscrire, en prenant acte d'une phrase que Mérimée a laissé tomber dans sa correspondance avec l'inconnue. Il déclare n'avoir été réellement et pratiquement un mauvais sujet que pendant deux ans. Durant ces années-là, on le croyait encore vertueux. Depuis, quoiqu'il soit revenu à une plus sage existence, il a vécu sur sa mauvaise réputation. Comme Mérimée s'accuse plus souvent qu'il ne s'excuse, il n'y a aucun inconvénient à le croire. Où placer ces deux années de dissipations? Évidemment entre 1830 et 1834. Ce furent des années stériles. Elles forment presque un vide dans la bibliographie de ses œuvres. A part un ou deux articles de biographie ou de critique, on n'y voit figurer que la *Double Méprise*, qui n'est certainement pas un de ses bons ouvrages. C'est le début d'un roman qui avorte et se réduit à la psychologie minutieuse d'un caractère féminin. Encore cette psychologie n'est-elle ni très claire ni très vraisemblable. Le dénouement est trop inattendu pour émouvoir, et on sent que l'auteur n'y croit pas. Au lieu de cette concentration dramatique, qui est si remarquable dans *Mateo Falcone* et dans l'*Enlèvement de la redoute*, nous trouvons un mélange de langueur et d'affectation, un souci de l'étiquette mondaine qui énerve le talent. Le dandy mène au snob et la fatuité de l'homme gagne peu à peu l'écrivain. Des années stériles, avons-nous dit? Elles sont pis

que stériles, elles sont destructives. Une froide et
mesquine élégance a remplacé la libre allure des
premières années; la sève imaginative va s'appau-
vrissant; il semble que la faculté littéraire se rétré-
cisse chaque jour comme la fameuse peau de chagrin
du romancier. Dans les *Ames du purgatoire*, où il a
prétendu moderniser la légende de Don Juan de
Marana, que de longueurs, que d'ennui, quelle com-
plication d'aventures insipides, et comme le récit se
traîne jusqu'aux environs du dénouement!

Là le vrai Mérimée se réveille pour nous montrer
Don Juan qui assiste à ses propres funérailles. La
scène est sinistre, sombre et forte. C'est une de
celles où s'efface, pour un moment, cet éternel sourire qui nous fatigue et nous blesse.

Mérimée ne marchait pas, comme son héros, vers
une de ces mystérieuses et soudaines révolutions
intérieures auxquelles se prêtent mal nos âmes
modernes et nos milieux tempérés. Mais diverses
causes se réunirent pour produire un grand changement dans sa vie. D'abord M. d'Argout quitta le
ministère. Pour récompenser Mérimée des services
qu'il était censé avoir rendus comme chef de cabinet, on lui donna l'inspection générale des monuments historiques en remplacement de M. Vitet.
Dès lors il dut passer plusieurs mois hors de Paris,
s'initier à des études sévères, vivre en constantes
relations avec des hommes qui ne ressemblaient

guère aux viveurs du café de la Rotonde. Dans cette correspondance avec Stendhal, jusque-là exclusivement frivole et ordurière, une lettre datée d'Allemagne en 1836 laisse apercevoir deux sentiments très sérieux et très honorables. L'un est l'inquiétude que lui cause la santé de son père. Léonor Mérimée allait bientôt mourir et cette circonstance devait lui créer des devoirs, resserrer l'intimité du fils et de la mère, en les rendant nécessaires l'un à l'autre. L'autre sentiment est le désir de protéger une femme contre une malignité toujours en éveil. Stendhal, qui ne connaissant pas encore la comtesse de Montijo, avait plaisanté Mérimée à son sujet : « Je ne voyage pas *avec une admirable Espagnole,* écrivait-il d'Aix-la-Chapelle le 5 juillet 1836. Je vous mènerai à mon retour chez une excellente femme de ce pays, qui vous plaira par son esprit et son naturel. C'est une admirable amie, mais il n'a jamais été question de chair entre nous. Elle est un type très complet et très beau de la femme d'Andalousie. C'est la comtesse de Montijo, autrefois comtesse de Teba, dont je vous ai souvent parlé. »

Cette amitié devait avoir une bien grande influence sur les dernières années de sa vie : elle agit, dès lors, d'une manière sensible sur ses idées et sur ses travaux. Mme de Montijo était la personne la plus propre à lui apprendre comment on peut vivre dans le grand monde, en partager l'activité, en aimer les plaisirs, sans en copier l'affectation et sans en subir l'étiquette. Elle fut un appui et une introductrice inestimable aux recherches de Mérimée sur l'Espagne et elle eut sa part dans la formation définitive de son idéal politique et historique.

Dans la lettre à Stendhal que je viens de citer, après avoir parlé de Mme de Montijo, Mérimée ajoutait : « Je suis grandement et gravement amoureux d'autre part ». En effet, c'est en 1837 qu'allait commencer cette liaison qui dura jusqu'aux premières années de l'Empire. Mme *** appartenait, par sa naissance et par son mariage, aux premières familles de la société parisienne sous le régime de Juillet. Son mari occupa longtemps de hautes et délicates fonctions ; son salon était un rendez-vous pour les hommes politiques et les gens d'esprit. Mérimée était fier de l'amour qu'il avait inspiré à cette dame et de l'amour qu'il avait pour elle. Il eût voulu en conserver pieusement le souvenir et mesurait la place qu'elle avait tenue dans son existence au vide qu'elle y laissa en se retirant. Il n'avait plus, prétendait-il, le courage d'écrire maintenant qu'elle n'était plus à son côté. Il avait donc écrit pour elle pendant plus de quinze ans?

Lorsque Mérimée voulait persuader à ses correspondantes et se persuader à lui-même qu'en composant ses livres, de 1836 à 1852, il n'a jamais songé au public, mais qu'il a désiré plaire à une seule per-

sonne, en un mot qu'il n'a jamais été homme de
lettres sinon à la façon de Dante composant la *Vita
nuova*, croyons-le un peu, mais ne le croyons pas
trop. Il y avait peut-être plus de littérature dans son
amour que d'amour dans sa littérature.

Ce qui doit nous rendre un peu sceptiques sur ce
point, c'est que cette liaison coïncida non seulement
avec une foule de caprices passagers, mais avec
une certaine aventure demeurée secrète et qui prit
aussi les allures d'une passion. Dès l'année 1831,
il avait reçu d'une lectrice de la *Chronique*, qui
signait Lady A. Seymour une lettre caractéristique
à laquelle il avait cru devoir répondre. Une correspondance s'engagea, sur ce ton hardi, railleur et
tendre qui convient aux conversations de bal
masqué. Mais on ne peut le soutenir longtemps et
cet amour épistolaire serait mort d'inanition si la
jeune fille n'avait consenti à se laisser voir. Plus de
Lady Seymour : l'inconnue s'appelait Jenny Dacquin ;
elle était la fille d'un notaire de Boulogne-sur-Mer.
C'est en Angleterre qu'eut lieu leur première
entrevue et la correspondance reprit de plus belle.
Mlle Dacquin, qui semble avoir été assez indépendante d'allures, habitait Paris pendant une partie
de l'année. Elle rencontrait l'écrivain dans une
maison tierce. Elle lui accorda des rendez-vous
au Louvre dans la galerie des Antiques, puis au
Jardin des Plantes, et enfin dans les bois de Meudon.

En choisissant des lieux de plus en plus solitaires, Mérimée semblait suivre un plan de séduction; de son côté, Mlle Dacquin, qui probablement ne savait rien de Mme ***, dut nourrir longtemps l'espoir d'un dénouement matrimonial. De là une lutte qui, en se prolongeant, mit en jeu toutes les ressources de leur esprit et tous les aspects de leur caractère. Ce serait peu, pour nous intéresser, qu'un caprice masculin, irrité par la résistance d'une jeune personne machiavélique qui prétend être épousée. Mais à lire leur correspondance, il semble bien que tous deux aimaient. Je me trompe en disant : *leur* correspondance. Nous n'avons que les lettres de Mérimée : il nous faudrait celles de son adversaire. A l'époque où le nom de la destinataire de ces lettres était encore un mystère, il a plu à une femme du monde désœuvrée de combler cette lacune et de nous donner la série des lettres de l'amoureuse. Le volume a paru sous ce titre : *Passion d'un auteur* [1]. Personne ne s'y est trompé et ne pouvait s'y tromper. Si Mérimée avait reçu ces lettres-là, il n'aurait pas aimé aussi longtemps. Il faut, sans doute, regretter les vraies lettres, mais le caractère de ceux et de celles auxquels nous écrivons se lit, à la longue, dans tout

---

1. Cette dame — une Américaine, paraît-il — prétendait avoir écrit avec une extrême émotion. Elle était presque arrivée à se persuader qu'elle était vraiment « l'Inconnue ». Un jour, on la trouva tout en larmes, on l'interrogea, et elle dit en sanglotant : « Mérimée vient de mourir! »

ce que nous leur adressons. Nous savons de l'inconnue tout ce qu'il est nécessaire de savoir et nous ignorons d'elle tout ce qu'il est à propos d'en ignorer. Elle nous paraît inégale, fantasque, coquette, précieuse et même un peu pédante. Peut-être se donnait-elle quelques-uns de ces défauts pour lui plaire ou pour le piquer au jeu. Peut-être ne fut-elle, au fond, qu'une petite bourgeoise sentimentale, naïvement éprise, mais raisonnable et sage, qui avait rêvé d'être la femme d'un homme célèbre. Lorsqu'elle vit son ambition définitivement irréalisable, n'y eut-il pas une crise suprême? Vers ce temps-là, les lettres se font plus rares, semblent près de cesser tout à fait; puis elles reprennent sur le ton d'une calme intimité, qui devait cacher, d'un côté du moins, bien des désenchantements et des regrets.

Que Mlle Dacquin nous ait dissimulé quelque partie de la vérité, il n'en reste pas moins qu'elle a tenu une place et exercé une influence sur la vie de Mérimée, sur cette vie intérieure dont s'alimente et s'inspire le talent du romancier. Cette influence s'ajoute à celle de la mère, de l'amie et de la maîtresse. Il est bien difficile de leur faire leur part à chacune, mais qu'on rapporte l'heureux phénomène à leur présence dans sa vie et à leur action sur sa pensée ou au changement d'existence et à l'exercice d'une profession admirablement adaptée à ses aptitudes et à ses goûts, les années qui s'écoulent de

1836 à 1848 nous font assister à une seconde floraison de la faculté littéraire chez Mérimée dans trois ordres différents. Conteur, critique d'art, historien, son œuvre est triple et, quoique fort inégale en importance et en résultats dans ces trois domaines, elle n'est méprisable sur aucun.

Durant cette période, il écrivit et publia successivement la *Vénus d'Ille* (1837), *Colomba* (1840), *Arsène Guillot* (1844), *Carmen* (1845) et l'*Abbé Aubain* (1846). Cette dernière nouvelle, très courte, n'est qu'une ingénieuse et scabreuse plaisanterie. Un petit prêtre de campagne utilise au profit de son avancement l'illusion d'une grande dame désœuvrée qui croit l'avoir troublé et qui l'éloigne en lui faisant attribuer une cure plus importante. Le lecteur qui a cru lire le début d'un roman à émotions sacrilèges, est mystifié, comme la grande dame, par ce paysan séminariste, moitié pédant, moitié rustre, qui est de la famille des faux ingénus de Voltaire.

La *Vénus d'Ille* a été inspirée à Mérimée par un récit d'un chroniqueur latin du xᵉ siècle que l'on trouvera dans le *Corpus Historiarum*, d'Eckhardt (Leipsick, 1723), et que Villemain a cru devoir transcrire tout entier dans son *Histoire de Grégoire VII*. Cette légende avait fait fortune au moyen âge, car elle a été traduite, fort maladroitement d'ailleurs, par l'un des auteurs de nos fabliaux. Dans le latin du texte primitif, elle garde encore une saveur étrange et mêle, dans une confusion d'idées bien singulière, la sorcellerie, le diable et les dieux antiques, la mythologie païenne et le symbolisme chrétien. Tous les éléments du conte moderne s'y trouvent : la partie de paume, l'anneau passé au doigt de la statue, la visite nocturne de la déesse. Mais Mérimée leur a donné un caractère tout différent. D'abord, pour expliquer la présence de la statue dans un milieu sauvage, propre à la culture des superstitions et à l'éclosion de la peur, aucun endroit n'était mieux choisi que la maison d'un vieil archéologue riche, bavard, érudit d'une érudition excentrique et incohérente, qui aime à faire des fouilles et à disserter sur ses trouvailles. Mérimée l'a peint d'après nature et de verve, il a composé ce type avec mille traits observés durant ses tournées d'inspection. Quant à la statue, elle est quelconque dans le chroniqueur du x⁰ siècle : Mérimée lui a donné une physionomie, une personnalité. Elle exprime la méchanceté séduisante, l'amour impérieux et cruel qu'il comprenait si bien chez la femme et qui exerçait sur lui une irrésistible attraction. Ce n'est là qu'une impression jetée dans notre esprit, mais elle y germe et y porte fruit. A côté de cette vague menace, il en est une autre, beaucoup plus positive, quoique à peine indiquée : c'est le ressentiment du Navarrais battu dans la partie de paume par le nouveau marié. Nous sentons que ce jeune homme se trouve entre deux dangers : l'un réel, qui nous inquiète; l'autre, absurde, qui nous inquiète davantage. Le chroniqueur Hermann Corner écrivait pour des lecteurs semblables à lui-même. Le surnaturel leur semblait la chose la plus naturelle du monde. La statue avait le droit de venir toutes les nuits réclamer sa part d'amour conjugal sans que personne s'en formalisât et surtout sans que l'habitude diminuât la terreur. Mais l'auteur de la *Vénus d'Ille* savait que ses lecteurs modernes auraient d'autres exigences, que la terreur ne pouvait être, chez eux, qu'une impression passagère, irraisonnée, un simple frisson; que montrer le fantôme, c'est le rendre ridicule, c'est le rendre impossible. Un souffle passe dans nos cheveux et nous fait tressaillir. La raison se redresse, après une courte défaillance; la logique ergote et réclame. Le surnaturel s'évanouit, laissant en nous une subtile appréhension, un doute et comme un regret. « Pourtant si c'était l'impossible qui était le vrai! » La *Vénus d'Ille* est le type de ces nouvelles à deux issues, et Mérimée la considérait comme son chef-d'œuvre, parce qu'il y avait consciencieusement observé toutes les règles qui constituent, en littérature, l'art de faire peur. Mais il y a, en pareil cas, quelque chose de meilleur que les recettes : c'est d'éprouver soi-même l'impression qu'on veut produire. Mérimée a vraiment trop de sang-froid, et de là vient que la *Vénus d'Ille*, aujourd'hui, nous charme bien plus qu'elle ne nous épouvante.

Le petit roman de *Colomba* a été écrit au cours d'une tournée que l'auteur fit en Corse pendant l'année 1840. Tandis que, dans *Mateo Falcone*, il peint la Corse imaginée d'après des récits de voyage, on sent, dans *Colomba*, la précision des choses vues. Mœurs et paysages sont rendus avec une grande sincérité de touche, mais avec une sobriété dans le pittoresque qui semblera pauvre si on la compare à l'outrance descriptive de la présente génération littéraire. Quant à Colomba, il paraît l'avoir peinte, aussi, d'après nature, mais avec certaines précautions : « J'aurais pu la faire *plus* ressemblante, écrivait-il en réponse aux compliments dont l'accablait M. Lenormant, mais j'ai craint l'*offensionem gentium* ». Crainte salutaire au point de vue artistique. Plus réaliste, la peinture — ou le portrait — de Colomba n'aurait pas obtenu cet éclatant, cet universel succès qui le mûrit pour l'Académie française. Qu'est-ce donc que Colomba? Une jeune fille qui reste une jeune fille tout en ne respirant que bataille et vengeance, un cœur virginal où la haine tient la place de l'amour. Cette naïve férocité, tempérée par des touches familières, embellie et rehaussée d'une poésie qui n'est pas moins naïve elle-même et que Mérimée avait su extraire des coutumes locales, la patience, la ruse, l'obstination, une

5

sorte d'héroïsme, toutes les vertus sauvages mises
au service de l'idée fixe qui habite sous un front pur
et candide : tels sont les traits qui font à la petite
héroïne corse une place à part dans notre littérature. En beaucoup de points, Mérimée était un
homme du xviiie siècle, mais il avait, en commun
avec nous, le goût, la curiosité, la passion des primitifs. Romancier, philologue, historien, il les a
cherchés partout avec une sympathie qui ne s'est
jamais démentie. Il eût volontiers frayé avec eux en
dépit des dangers que pouvait présenter un tel
commerce. Au cours de son voyage à travers l'Asie
Mineure, en 1840, il sollicita vainement l'hospitalité
d'un campement de Tartares, et il compta parmi ses
meilleurs souvenirs une soirée passée dans l'intimité des gitanos de Barcelone. Dans cette recherche
des passions et des instincts primitifs, il n'a jamais
fait une plus heureuse découverte que Colomba,
parce qu'il n'a jamais imaginé un contraste plus
vivant ni plus juste. Colomba est une fleur de sauva-
gerie. Gracieuse comme le jeune fauve qui est san-
guinaire et n'est point méchant, elle reste la plus
ingénue et la plus fascinante incarnation de la barbarie, de l'éternelle et irréductible barbarie qui est
le fond de l'homme et qui reparaît sans cesse sous
une mince couche de civilisation. Dans la dernière scène, celle où Colomba victorieuse se repaît
encore une fois du désespoir de son ennemi vaincu,

l'avocat Barricini, le vieux tronc mort, sur lequel rien ne fleurira plus, l'horreur l'emporte décidément sur la sympathie et nous laisse une impression vraiment puissante.

... Elle s'approcha du vieillard jusqu'à ce que son ombre vint lui ôter le soleil. Alors le pauvre idiot leva les yeux et regarda fixement Colomba qui le regardait de même, souriant toujours. Au bout d'un instant, le vieillard passa la main sur son front et ferma les yeux comme pour échapper au regard de Colomba. Puis il les rouvrit, mais démesurément. Ses lèvres tremblaient. Il voulait étendre les mains; mais, fasciné par Colomba, il demeurait cloué sur sa chaise, hors d'état de parler ou de se mouvoir. Enfin de grosses larmes coulèrent de ses yeux et quelques sanglots s'échappèrent de sa poitrine.

« Voilà la première fois que je le vois ainsi, dit la jardinière. Mademoiselle est une demoiselle de votre pays ; elle est venue pour vous voir, dit-elle au vieillard.

— Grâce ! s'écria celui-ci d'une voix rauque ; grâce !... N'es-tu pas satisfaite ?... Mais pourquoi tous les deux ?... Il fallait m'en laisser un seul... Orlanduccio ?

— Il me les fallait tous les deux, lui dit Colomba à voix basse et dans le dialecte corse. Les rameaux sont coupés et, si la souche n'était pas pourrie, je l'eusse arrachée. Va, ne te plains pas : tu n'as pas longtemps à souffrir. Moi, j'ai souffert deux ans. »

Le vieillard poussa un cri et sa tête tomba sur sa poitrine. Colomba lui tourna le dos et revint, à pas lents, vers la maison, en chantant quelques mots incompréhensibles d'une ballade : « Il me faut la main qui a tiré, l'œil qui a visé, le cœur qui a pensé... »

L'auteur a touché ici à la tragédie. Ces moments sont rares chez lui, mais ils sont sans prix.

Cette figure ou mieux ce type caractéristique de Colomba était encadré dans un roman dont le seul défaut est d'être aujourd'hui sans défauts. Un style d'une pureté classique, un récit bien divisé, bien proportionné, clair, rapide, toujours riant, nourri d'incidents, entrecoupé de paysages, égayé de dialogues spirituels et mené jusqu'au bout avec une habileté parfaite étaient alors de grandes attractions. Si les lettrés pouvaient seuls apprécier l'art de l'écrivain, les ignorants en jouissaient à leur manière et, mieux encore qu'au temps de la *Chronique de Charles IX*, Mérimée eut pour lui toutes les fractions du public. Le succès passa rapidement à l'étranger; il dure encore. On ne compte plus les traductions et les éditions anglaises de *Colomba*, devenu un texte dans les examens.

C'est la seule œuvre de Mérimée où le puritain le plus austère ne trouve rien à redire et qu'on puisse mettre sans hésitation aux mains de la jeunesse. Beaucoup de lecteurs virent dans *Colomba* le gage d'une véritable conversion littéraire. On le voyait brouillé avec les romantiques dont il avait autrefois suivi la bannière. Son langage, de plus en plus châtié et correct, faisait augurer une égale réserve dans le choix des sujets et dans la peinture des sentiments. On entrevoyait un Mérimée classique et moral; on croyait le tenir. On fut détrompé en lisant *Carmen* et *Arsène Guillot*.

Mérimée lut d'abord *Arsène Guillot* chez Mme de Boigne. « Un aréopage de vieilles femmes » — les ennemis de l'auteur désignaient ainsi l'auditoire de choix qui eut la primeur de ce récit — se déclara enchanté. On sourit beaucoup, on pleura un peu : genre de succès auquel Mérimée n'était pas habitué. L'effet fut très différent sur le public et sur certains critiques, sur ceux qui, en littérature, se considéraient comme les gardiens de la morale et du goût. *Arsène Guillot* parut dans la *Revue des Deux Mondes* le 15 mars 1844, le lendemain du jour où il avait été nommé à l'Académie française après une élection chaudement contestée et par une très faible majorité. Deux de ses partisans, Molé et Salvandy, déclarèrent tout haut que, s'ils avaient lu *Arsène Guillot* avant d'aller à la séance, cette lecture eût modifié leur vote. On prononçait le mot de « mystification » et la chose semblait d'autant plus vraisemblable que Mérimée était coutumier du fait et qu'il avait érigé la mystification en système littéraire.

Cet accès de mauvaise humeur passa vite et fut promptement oublié de ceux-là mêmes qui s'y étaient livrés. L'Académie ne se repentit jamais de son choix et les générations de lecteurs qui se sont succédé depuis 1844 ont toutes donné raison aux « vieilles femmes » qui avaient, dès le principe, absous et applaudi l'auteur. *Arsène Guillot* est bien près d'être un chef-d'œuvre et en serait un si les deux figures féminines qui l'animent avaient toutes deux le même relief et la même vie, si la grande dame vertueuse qui raisonne et qui prêche ne semblait profondément insipide à côté de la pécheresse qui aime et qui souffre. Il est vrai que Mérimée a été très hardi dans ce petit roman. C'était un retour vers ce que les contemporains croyaient être le romantisme et ce que nous savons être le réalisme, véritable religion littéraire de l'écrivain, bien qu'il l'entendît et la pratiquât d'une façon différente des réalistes venus après lui. *Arsène Guillot*, c'est du Balzac « traduit de baragouin en français », du Balzac affiné, concentré, sous forme de pure essence littéraire. Le dandysme qui gâtait le *Vase étrusque* et la *Double Méprise* a disparu. On dirait que, cette fois, Mérimée prend parti contre les mondains de la *haute vie* avec lesquels il s'était confondu un moment.

La morale conventionnelle est fort maltraitée dans *Arsène Guillot*. La vertu y est ennuyeuse et, de plus, fragile, car la dernière ligne — cette ligne écrite au crayon d'une main tremblante par Mme de Piennes sur la tombe de l'ancienne danseuse : « Pauvre Arsène, priez pour nous ! » — indique assez que la jeune femme a succombé et qu'elle se sait plus coupable que la courtisane, puisqu'elle a besoin de ses prières. Toute la sympathie va donc vers une pécheresse qui se repent, mais qui se repent si mal, et dont la piété ignorante est une sorte de scandale, une offense à la vraie religion. Les amies de Mme de Boigne durent se dire tout cela, mais elles avaient été émues et elles savaient pourquoi. C'est qu'elles ne pouvaient pénétrer dans cette misérable chambre, voir ce lit de sangle, écouter les paroles presque enfantines de cette pauvre sauvage qui a vécu au milieu de l'extrême civilisation — car Arsène est une primitive comme Colomba — sans éprouver un sentiment que, jusqu'alors, elles n'avaient jamais dû à l'auteur. Il n'est pas difficile de deviner que si leurs yeux se mouillèrent, ce fut quand elles entendirent ce qui suit :

L'abbé continua ses exhortations. Puis il cessa de parler, incertain s'il n'avait plus qu'un cadavre devant lui. Mme de Piennes se leva doucement, et chacun demeura quelque temps immobile, regardant avec anxiété le visage livide d'Arsène. Ses yeux étaient fermés. Chacun retenait sa respiration comme pour ne pas troubler le terrible sommeil qui peut-être avait commencé pour elle et l'on entendait distinctement dans la chambre le faible tintement d'une montre placée sur la table de nuit.

« Elle est passée, la pauvre demoiselle, dit enfin la garde après avoir approché sa tabatière des lèvres d'Arsène : vous le voyez, le verre n'est pas terni. Elle est morte !

— Pauvre enfant ! s'écria Max, sortant de la stupeur où il semblait plongé. Quel bonheur a-t-elle eu en ce monde ? »

Tout à coup, comme ranimée à sa voix, Arsène ouvrit les yeux.

« J'ai aimé », murmura-t-elle d'une voix sourde.

L'ironie finale par laquelle le sceptique essayait de se reprendre et de sourire n'efface pas l'impression laissée en nous par le dernier mot de la courtisane mourante. *Arsène Guillot* est aussi dramatique que

Mateo Falcone, que l'*Enlèvement de la redoute* ou que la *Partie de trictrac*, mais le drame y est plus humain, et nous touche aux entrailles. C'est le seul récit de Mérimée qui contienne de la pitié; c'est l'unique larme de son œuvre brillante et froide.

Rien de pareil dans *Carmen*, où il semble avoir dédaigné les moyens d'émotion qui s'offraient à lui, puisqu'il a trouvé moyen de nous rendre fort indifférent un homme qui va mourir. De Walter Scott et de Balzac, Mérimée rebroussait chemin jusqu'à Hamilton ou jusqu'à Smollett; du drame humain et profond il retournait aux panoramas multiples et aux évolutions rapides du roman picaresque. C'était préparer de la besogne aux faiseurs de livrets qui n'ont pas manqué l'occasion. Le dramatique d'opéra a été trop souvent le dramatique de Mérimée, et *Carmen* en est un exemple. Le roman a plu parce qu'il est plein de mouvement, de figures curieuses, de détails qui sentent leur terroir, mais c'est peut-être le moins bien composé de tous ses récits, le plus confus et le moins homogène. Carmen est très « piquante », comme on eût dit il y a cinquante ans, mais sa fin ne nous émeut guère. Nous avons pu nous intéresser à une courtisane, non à une voleuse. Quant à son amant, il ne nous donne pas ce qu'il promettait au début. C'est un des bandits les moins convaincants de cette époque féconde en Zampas et en Fra Diavolos. Ceux de *Colomba* citent Horace en latin; José le Navarrais

parle des jambes de sa maîtresse dans un style digne
d'un vieil habitué de l'Opéra qui aurait étudié la
volupté dans les petits poètes du XVIIIe siècle. L'archéologue qui commence le récit en discutant la
place du véritable champ de bataille de Munda et
qui le clôt par une dissertation historique et philo-
logique sur les gitanos est bien près de nous
ennuyer. Cet archéologue, c'est Mérimée lui-même
en qui l'antiquaire empiète et déborde sur le romancier. Un peu plus, il l'étoufferait. C'est justement ce
qu'il allait faire et on devine (surtout si on le sait
déjà) que *Carmen* est une sorte d'adieu au public,
une fin de vocation. Vingt ans se passeront avant
que Mérimée reprenne sa plume de conteur, et,
quand il voudra s'en servir, il la trouvera irrémédia-
blement rouillée.

CHAPITRE III

MÉRIMÉE INSPECTEUR GÉNÉRAL
DES MONUMENTS — TRAVAUX HISTORIQUES
ET DOUBLE ÉLECTION A L'INSTITUT

Lorsqu'on lit les lettres que Mérimée adressait à
ses amis, surtout aux femmes, durant ses tournées
d'inspection, on serait tenté de voir en lui le plus
ennuyé des mortels et le fonctionnaire le plus
dégoûté de ses fonctions que possédât alors cette
France où il y en avait tant. Il se plaint de tout et
de tous, des gens et des choses, des lits, de la cuisine, des routes, des voitures, de la conversation.
Les provinciaux sont stupides, les femmes sont
laides et mal habillées. Le vandalisme est partout;
les savants sont de faux savants; leur amour pour
les monuments est si maladroit et si indiscret qu'un
« sage ennemi » vaudrait mieux.

Il ne faut pas être dupe de ces geigneries. Le pessimisme de Mérimée avait été, au début, une pose : il était devenu une attitude habituelle ou, comme on dirait aujourd'hui, un état d'âme.

Le plaisir, évidemment sincère, qu'il avait à retrouver son coin de feu, ses livres et ses chats ne doit pas nous empêcher de voir et de constater ce fait que Mérimée était un vagabond. Comme beaucoup d'hommes il alliait le goût du chez soi et la passion du nomadisme. Il était de la race des « chemineaux » que tourmente la nostalgie des grandes routes. Il allongeait ses voyages officiels en y ajoutant des voyages de fantaisie qui l'entraînaient de plus en plus loin. C'était l'Angleterre ou l'Espagne, c'était le Rhin, c'était l'Italie, la Grèce ou l'Asie Mineure. Même dans ses tournées, il ne s'ennuyait pas autant qu'il lui plaisait de le dire. Il y trouvait d'excellentes occasions d'observer non pas seulement la grosseur comparative des punaises et la dureté des matelas dans les différentes auberges de France, mais aussi les mœurs et les caractères. C'est alors qu'il connut toutes les variétés de la monomanie archéologique qui a trouvé place dans plusieurs de ses nouvelles. Dans tel coin de province, traversé en temps d'élection, il dut rencontrer quelques-uns des traits les plus amusants et les plus amers des *Deux Héritages*. Dans un presbytère ignoré, il a peut-être reçu l'hospitalité de l'abbé

Aubain. Çà et là, certains logis privilégiés l'attendaient, lui réservaient le plat favori ou l'anecdote préférée. Logis de vieux garçons sybarites qui assaisonnaient l'érudition de gauloiserie. Tel le docteur Requien, le bibliothécaire d'Avignon, avec lequel il entretint longtemps une correspondance, malheureusement impossible à publier. Tel encore ce docteur Cauvières auquel l'avait adressé Charles Lenormant et dont les bons dîners lui avaient laissé un souvenir presque tendre.

Ces bonnes fortunes d'épicurien n'étaient pas les seules auxquelles il fût sensible. Dans ses lettres, dans ses rapports au ministre ou dans les notes qu'il rédigeait au jour le jour et qui servaient de base à ces rapports, nous trouvons la trace des sensations brèves, mais vives, fines et sincères, que l'art ou la nature lui avaient données au cours de ces voyages. Un jour, bercé par le bruit monotone des flots, il s'oublie à rêver au bord de l'Océan, près d'un couvent ruiné et, pendant cette heure de paresse contemplative, le génie mystique de la vieille Bretagne, celtique et chrétienne, se révèle à lui. Un coucher de soleil orageux aperçu derrière le pont du Gard donne toute sa valeur au monument et lui fait comprendre un aspect encore inconnu des paysages méridionaux. Un portrait du roi René évoque devant lui le XVe siècle. Sur le site de Gergovie, les *Commentaires* à la main, il suit pas à pas les légions, monte à l'assaut avec elles, recompose et revit la scène. Quelquefois il n'est pas seul et peut échanger ses impressions avec un compagnon de son goût. Témoin la bonne journée passée dans les ruines du vieux château de Saint-Honorat avec Fauriel, l'historien de la civilisation provençale, au milieu d'un des plus beaux paysages qui soient au monde et en vue de ce rivage de Cannes où il devait se réfugier pour mourir.

D'autres ont aimé avant lui les dîners gourmands, les libres propos, les couchers de soleil et les rêveries sur le passé, les mille sensations qui nous viennent de la montagne ou de la mer, des landes ou des bois; d'autres en ont parlé tout aussi bien, sinon mieux que lui. Ce qui est propre à Mérimée, c'est ce qu'on pourrait appeler les joies du métier, les sensations spéciales inhérentes à sa fonction. Ces sensations, il les devait à des dons naturels, fortifiés et cultivés par une éducation toute particulière. Pour faire un bon inspecteur des monuments, il faut être artiste, critique, historien; il faut, de plus, posséder la technique de l'architecture, ou plutôt de toutes les architectures; il faut, enfin, aimer sa besogne pour en supporter sans fatigue, comme sans dégoût, les aridités et les minuties.' Toutes ces qualités étaient réunies en Mérimée, avec la conscience qui leur fait produire tout ce qu'elles peuvent donner.

On a vu se développer de bonne heure en lui le sens historique, c'est-à-dire l'esprit critique qui classe, compare et juge les documents, avec l'intuition qui rend visible et intelligible l'homme d'autrefois, ses idées, ses mœurs, ses passions. Artiste, il l'était de naissance et il s'en fallut de peu qu'il ne le fût de profession. Lorsqu'il avait dix-huit ans, son père écrivait au peintre Fabre, de Montpellier : « Il n'a pas pris de leçons et dessine comme un élève » (comme un élève de l'École des beaux-arts, apparemment). A toutes les époques de sa vie, nous le voyons jouant avec le crayon qui lui semble aussi familier que la plume, et sa pensée, en naissant, prend aussi aisément la forme graphique que la forme littéraire. Il remplit ses lettres de croquis pendant les séances des comités dont il est membre, la feuille de papier placée devant lui se couvre d'esquisses ; même dans un salon, il dessine tout en écoutant et en jetant son mot dans la conversation. Ces esquisses et ces croquis sont, en général, des caricatures. Dans le genre sérieux, il s'essayait au portrait et au paysage, cultivait surtout l'aquarelle qu'il traitait un peu à la façon de la miniature. Toujours mécontent de lui-même, il recommençait trois ou quatre fois le même ouvrage avec une patience et une obstination inexplicables. Son faire est timide, sans franchise ; son coloris manque de fraîcheur, mais la précision du détail indique, du moins, que le peintre a aperçu toutes les nuances de son modèle et a voulu les rendre.

Lié, d'une part, avec Gérard et les peintres de la pléiade impériale, de l'autre, avec David d'Angers, Eugène Delacroix, Devéria, Célestin Nanteuil, c'est-à-dire avec les audacieux et les raffinés de l'école nouvelle, il fut à même de comparer les deux esthétiques et les deux méthodes. Il ne prit point parti entre elles et fut éclectique en art comme il l'était devenu en littérature. Il soumettait la peinture romantique et la peinture classique au même critérium, et ce critérium n'était pas celui de l'impression. L'impression, pensait-il, diffère suivant les individus; dans un même homme suivant l'âge, l'humeur, la disposition intime. A quelques années de distance, il se rappelait avoir éprouvé, devant le même chef-d'œuvre, des sensations différentes, parfois opposées. Comment construire un système avec de pareils matériaux? Comment déduire des principes permanents de ces mouvements passagers et contradictoires de notre esprit. Donc, au lieu d'appliquer à la peinture, à la sculpture les lois de la critique littéraire et de les juger d'après l'effet qu'elles produisent en nous, nous devons les critiquer d'après les lois qui leur sont propres, nous devons nous inquiéter de la perspective, des proportions, de la lumière, de la beauté et de la vérité des tons, ainsi que de la manière dont ils sont obtenus et de

beaucoup d'autres choses semblables. Cette critique
est la vraie critique d'art. Seulement elle déroute le
public qui ne la comprend pas, et elle demande une
éducation très complexe chez ceux qui la cultivent.
Mérimée s'était donné cette éducation-là et, après
vingt ans d'expérience, ses rapports étaient devenus
— au jugement des connaisseurs — de véritables
modèles du genre : nourris, sobres, clairs, con-
cluants. Peu à peu, comme tous ceux qui s'occupent
exclusivement d'architecture, il en vint à lui subor-
donner les autres arts, à ne voir en eux que des
auxiliaires de l'architecture au point de vue déco-
ratif. Quant à l'architecture elle-même, il l'étudia à
toutes les époques, sous tous ses aspects, dans
toutes ses applications. Architecture pélasgique,
celtique, grecque, romane, byzantine, gothique;
architecture civile, militaire et religieuse. En matière
d'architecture antique, il avait des partis pris, des
colères qui montrent combien le sujet lui tenait au
cœur. Hors du dorique et de sa massive simplicité,
point de salut. « Je voudrais, écrivait-il à Charles
Lenormant en revenant de Pœstum, que l'inventeur
de l'ordre ionique fût pendu et que celui du corin-
thien fût roué vif. » En ce qui touche les cathédrales
du moyen âge, il eut sa manière de voir un peu
étroite, un peu terre à terre, mais très personnelle.
Il laissait à d'autres le soin de traduire et de chanter
dans des pages lyriques, le symbolisme religieux

dont les églises gothiques sont la manifestation Lui, abordant la question par le côté historique, évolutionniste, voyait ce même genre gothique naître du roman et du byzantin par des gradations insensibles, inaperçues, mais nécessaires. Pour lui, le pilier était une déformation de la colonne, l'ogive un plein cintre manqué, le contrefort extérieur un expédient de constructeur ignorant et maladroit qui a sacrifié le dehors au dedans et acheté la légèreté apparente de l'édifice par des moyens grossiers et enfantins. Des siècles d'efforts pendant lesquels l'imagination des artistes avait été constamment, patiemment tendue vers le même objet, avaient enfin introduit une sorte d'harmonie entre ces misérables éléments et les avait élevés à la beauté. Théorie toute technique et tout humaine de l'art gothique, bien différente de la fièvre médiévale qui sévissait alors autour de Mérimée, mais qui, cependant, fit de lui, dans la pratique, un gardien aussi pieux, aussi jaloux de nos vénérables monuments qu'auraient pu l'être un Montalembert ou un Raoul Rochette.

En 1830, à travers tout le pays, une armée de spéculateurs — la fameuse « bande noire » — s'acharnait à détruire tout ce qui restait encore des monuments de la vieille France. Ils avaient besoin d'être défendus contre le mauvais vouloir, contre l'ignorance, contre la cupidité et aussi contre la fausse science ou le zèle aveugle. Ici c'était le fana-

tisme catholique, là c'était la fureur révolutionnaire
qui avait mutilé des statues; ailleurs c'était un conseil municipal, épris de propreté, qui avait fait
passer à la chaux des fresques anciennes ou de précieuses boiseries. Ailleurs on « restaurait » : ce qui
est souvent la façon la plus grave, la plus irrépa-
rable de manquer de respect aux ruines. Enfin le
gouvernement prit ces reliques menacées sous sa
protection et la commission des Monuments historiques fut créée. Mérimée en était un des organisa-
teurs et en devint le secrétaire. Dans cette fonction,
il exerça une influence considérable sur la rédaction
des instructions données aux inspecteurs en même
temps que sur l'emploi des crédits et de l'autorité
ministérielle. Il est difficile de distinguer son œuvre
particulière au milieu de l'œuvre collective accomplie par ses collègues. On peut cependant citer
quelques monuments qui lui doivent plus spéciale-
ment leur conservation. Il partage avec M. de Montalembert le mérite d'avoir sauvé la curieuse église
de Vézelay. Il a appelé l'attention des connaisseurs
sur l'église de Saint-Savin dont il a écrit l'histoire.
Le théâtre d'Orange, celui d'Arles, l'église de Saint-
Martin de Tours et la cathédrale de Laon doivent
beaucoup à ses persévérants efforts, et l'on peut
voir, par la plus récente correspondance de lui qui
ait été mise au jour, qu'aucune démarche ne coûtait
à ce paresseux, qu'aucun ennui ne rebutait ce blasé

lorsqu'il s'agissait d'intéresser un ministre à quelque
débris artistique que l'étranger se préparait à nous
enlever ou même à une humble église de village
prête à tomber de vieillesse. Et par ce dévouement
intelligent, infatigable, à nos anciennes richesses
architecturales, non seulement il a sauvé beaucoup
de monuments, mais, par le fait même de cette **pré-**
servation, il a contribué à arrêter la décadence du
goût général et à provoquer un fécond mouvement
dans notre architecture moderne. « Si Victor Hugo
n'avait écrit *Notre-Dame de Paris*, affirme un éminent
critique d'art, et si Mérimée n'avait pas provoqué la
formation de la commission des Monuments historiques, on aurait rasé tous nos vieux édifices pour
construire des Madeleines et des Bourses. » Si l'on
songe, en outre, que Mérimée a créé une tradition,
que ses successeurs, eux-mêmes des archéologues
et des artistes d'une valeur incontestable, se sont
fait un devoir et une gloire de le continuer, de
l'imiter en toute chose, qu'ils révèrent son souvenir
comme celui d'un maître, ainsi qu'en fait foi la lettre
adressée par M. Bœswillwald à l'auteur de *Mérimée
et ses amis* et publiée dans un appendice de ce
volume, on reconnaîtra sans difficulté que l'influence
artistique de Mérimée, quoique moins apparente, a
été encore plus décisive et surtout plus durable que
son influence sur la littérature. Que l'on ajoute à ses
rapports officiels, à ses *Notes de voyage* les huit

essais réunis en volume sous ce titre : *Étude sur les arts au moyen âge*, avec les très nombreux articles analogues semés dans la *Revue des Deux Mondes* et dans le *Journal des Savants*, on verra que ces travaux réunis tiennent une place importante dans la collection de ses ouvrages. Et pourtant cette place est encore loin de correspondre à celle que la critique d'art a tenue dans son labeur d'esprit. Il lui a donné la moitié de sa vie, et cette moitié fut, sans doute, la plus heureuse et la meilleure.

Sa profession, dira-t-on, le voulait ainsi. En tout cas, sa vocation d'historien est encore plus spontanée, puisque, pour s'y consacrer, il devait prendre sur le temps que réclamait son métier, sur ses plaisirs de mondain, sur ses succès de conteur applaudi. Le fait est peu commun : il a besoin d'être expliqué. D'ordinaire, à moins de caprice ou de folie, on n'abandonne un champ de la pensée pour exploiter un autre domaine qu'après avoir épuisé le premier. Mérimée n'était ni capricieux, ni fou. Il a, jusqu'en 1852, réglé sa vie littéraire avec beaucoup de ténacité et de sang-froid. Il connaissait bien ses propres ressources et il a été un bon ménager de ses talents. Alors, pourquoi écrire une *Guerre sociale*, une *Conjuration de Catilina* (après Salluste !)? Pourquoi préparer une *Vie de César?* Pourquoi consacrer quatre années de travail à une histoire de Don Pedre que personne ne lui demandait et qui vint tomber, tristement inaperçue, en pleine fièvre politique, entre février et juin 1848, au lieu de donner au public d'autres *Colombas*, d'autres *Carmens*, d'autres *Arsènes Guillots*? Était-il donc averti par certains signes précurseurs, encore invisibles aux lecteurs, que la faculté créatrice, précisément parce qu'elle avait atteint en lui son apogée, touchait au déclin? Peut-être. Et pourtant, qui l'empêchait de décrire les passions de la jeunesse, puisqu'elles le troublaient encore? Pourquoi n'aurait-il pas peint l'amour, puisqu'il aimait? Mais il est des hommes que la popularité du romancier humilie presque s'ils ne la rehaussent de quelque « succès d'estime » dans un genre « sérieux ». On les a tant loués d'être amusants que cet éloge prend, à la longue, je ne sais quel air ironique. L'ambition d'ennuyer leur vient, et c'est une ambition qu'on réussit toujours à satisfaire. Ce genre de snobisme sévit principalement aux abords des académies. Mérimée ne pouvait en être exempt, puisqu'il visait à faire partie de deux sections de l'Institut. Il était même un candidat plein de ferveur et ne s'en cachait pas, lui qui se cachait de tout, lui qui jouait si volontiers l'indifférence et l'indolence. Il réquisitionnait tous ses amis, mettait en campagne les vieilles femmes influentes, gravissait sans murmure les escaliers les plus noirs, faisait en conscience ce qu'il appelait « ses bassesses ». Dans ses lettres soit à M. Lenormant, soit à M. de Saulcy, il parle de

ses travaux historiques très légèrement. Il traite de
« tartine » son histoire de la guerre sociale. On
s'imaginerait qu'il n'a songé à l'écrire que pour sur-
prendre les suffrages de l'Académie des Inscriptions,
et qu'une fois nommé il n'y reviendra plus. Rien ne
serait plus loin de la vérité. Tenons-nous en garde
contre ces fausses confidences : elles font partie
du programme général de défiance qu'avait adopté
Mérimée. En réalité, il adorait l'histoire. Il avait
commencé par la côtoyer en cultivant le roman
historique sans y croire. Pour lui, ce n'était qu'un
pis-aller, une approximation ou une déformation de
l'histoire, un « genre bâtard », et il est curieux de le
voir, dans la préface même de son roman historique,
se poser en adversaire du roman historique. Au
lieu d'écrire la *Chronique de Charles IX*, il eût voulu
composer une histoire de la Saint-Barthélemy. Cet
aveu explique tout. Donc, de 1835 à 1848 et, encore,
de 1848 à 1870, mais avec moins de suite, de conviction, de foi en lui-même et en son succès, il s'efforce
d'être un historien.

Il avait son système à lui, qui ne devait pas
grand'chose aux célèbres historiens de son temps.
Il s'était forgé son idéal d'après les anciens, mais
il ne les suivait pas tous avec le même respect.
Tacite lui semblait trop personnel, trop violent, trop
amer, le bon Hérodote trop bavard et trop menteur.
Il concevait une sorte d'histoire qui eût combiné

l'intelligence politique de Thucydide, le savoir pratique de Polybe, la psychologie de Salluste et les merveilleux dons narratifs et descriptifs de Tite-Live. Dans la préface citée plus haut, il déclarait que l'histoire n'est qu'une série d'anecdotes et que, quant à lui, il eût préféré de beaucoup les mémoires d'une femme de chambre de Périclès à l'*Histoire de la guerre du Péloponèse*. Cette boutade ne rendrait compte que bien incomplètement de sa méthode historique. Il faut d'abord remplacer ce mot d'anecdote, tombé dans le discrédit. Par là, il entendait la molécule historique, les innombrables petits faits dont l'accumulation et le rapprochement restituent le passé dans son ensemble et dans sa vivante intégrité. Le respect du document était donc, pour lui comme pour nous, la première, l'essentielle vertu de l'historien; mais quel usage faire de ces documents? Doit-on les interpréter, dégager des lois générales de ces faits particuliers ou les disposer comme les éléments d'un tableau? C'est à ce dernier parti qu'il s'arrêtait. Il comprenait que l'évolution des mœurs, celle des institutions et des idées, celle des intérêts industriels et commerciaux réclame tous les jours une plus large place dans nos récits historiques; mais il était convaincu que tel principe, tel progrès social, telle grande besogne de la civilisation s'incarne, à un moment donné, dans un homme. C'est donc l'âme de cet homme qu'il est intéressant d'étudier;

mais nos instruments d'analyse n'atteignent pas
directement les âmes. Nous ne connaissons l'homme
que par le dehors, par ses gestes, par ses paroles,
par toutes les manifestations extérieures de son
intelligence, de ses passions, de sa volonté. C'est
ici qu'entrent en jeu les mille petits faits suggestifs
patiemment recueillis par l'historien. Exact et complet autant que faire se peut dans ses informations,
fidèle dans le rapport qu'il nous en offre, il doit posséder comme suprême qualité le sang-froid, l'im-
passibilité sans laquelle il n'y aurait point de réelle
impartialité. Il racontera le drame vécu, le drame
vrai de l'histoire comme le drame imaginaire qui est
sorti du cerveau des romanciers. Il dira la défaite
des Italiotes, l'écrasement de Catilina, le duel tragique de don Pedre et de don Henri, le meurtre
atroce du faux Démétrius du même air et du même
ton qu'il avait décrit la mort du petit Falcone et la
prise de la redoute, sans émotion, sans pitié, sans
douleur ni joie, comme un homme à qui tout ce qui
est humain serait étranger. Il croirait prévariquer
s'il écoutait les suggestions de sa sympathie, ou
même de sa conscience. Il ne permet pas à son imagination d'intervenir, de compléter, de vivifier les
maigres éléments fournis par l'histoire, de reconstituer devant lui, d'après ces traits authentiques,
une figure ou une scène du passé. Quelquefois, loin
d'ajouter au drame, il le rogne, le refroidit. C'est

ainsi qu'à la tragédie racontée par Salluste, il substitue une question de droit qui lui semble beaucoup plus intéressante : Cicéron était-il dans la légalité lorsqu'il faisait mourir les complices de Catilina?

A une époque où Guizot et Augustin Thierry avaient publié leurs plus importants ouvrages, où Michelet avait déjà paru, une telle conception de l'histoire avait-elle beaucoup de chances de plaire? Ne devait-il pas sembler aux lecteurs de 1840 que Mérimée les ramenait vers des modèles surannés?

Ce qui vieillissait encore les œuvres historiques de Mérimée, c'était le style, classique jusqu'à l'affectation et quelquefois pompeux jusqu'au ridicule. Il faisait alors pénitence pour les erreurs romantiques de sa jeunesse, et, comme tous les convertis, se montrait un peu excessif et intolérant. Quelques années plus tard, écrivant à une dame qui lui avait envoyé les lettres de saint Augustin pour « lui faire du bien » et se tirant de ce mauvais pas par un peu de critique littéraire, il nous a livré toute sa pensée sur un point important. « Saint Augustin, dit-il, écrit dans un latin de décadence qui est analogue à la prose de Lamartine. » Évidemment il en était venu à croire que la langue française avait atteint son apogée avec nos excellents écrivains du temps de Louis XIV et de Louis XV et que, dans notre France du XIXe siècle, l'heure de bien écrire est passée, sauf pour ceux qui imitent les anciens modèles.

C'est là le dogme fondamental que propageait alors l'enseignement universitaire et que l'Académie imposait à ses candidats. Mérimée l'a cru et pratiqué. Cet homme, si libre dans ses pensées, a été l'esclave des mots. Ses livres d'histoire ont souffert plus que les autres de cette mesquine et fausse théorie sur l'évolution de notre langue. Ils ont été écrits dans une langue morte, et c'est ce froid de mort qui nous glace quand nous les lisons. N'était l'esprit critique, si scrupuleux et si sûr dans son scepticisme, ils auraient tous pu être composés au dernier siècle, oubliés dans une armoire et mis au jour par le petit-fils de l'auteur.

On peut, d'après ce qui précède, apprécier ce qu'il y avait de voulu et d'artificiel, ce qu'il y avait de naturel et de spontané dans sa méthode, pour quelle part entre le calcul et pour quelle part le tempérament dans la composition de Mérimée historien. Candidat à l'Institut, il devait exagérer la gravité pour être pris au sérieux et se faire pardonner ses triomphes dans un genre réputé facile. Fraîchement converti au classicisme, il devait donner ses gages à sa nouvelle foi, protester, par le ton de ses ouvrages, contre les historiens romantiques ou alliés du mouvement romantique. Enfin, en même temps qu'il servait son ambition et ses rancunes, il suivait la pente où l'attiraient ses goûts, ses aptitudes, l'orientation primitive de son esprit. Toute autre considération mise à part, il est probable que Mérimée eût composé ses livres d'histoire pour se satisfaire lui-même. Pendant qu'il les écrivait, il avait des crises de dégoût, des moments de trouble et d'incertitude. Publiés, ils lui apportaient peu de gloire et encore moins de profit. Mais la période délicieuse était celle de la recherche, la chasse aux documents et les voyages qu'elle nécessitait. Ces voyages de curieux et d'archéologue, où il était libre de suivre sa propre fantaisie au lieu d'un itinéraire officiel, lui ont donné de vives jouissances. À cet égard, aucun ne fut plus riche en spectacles, en impressions, en trouvailles que celui de 1840. Ce fut son pèlerinage de la Mecque, la consécration de son retour à l'orthodoxie et un hommage rendu au génie antique dans les lieux où il a pris naissance, mais un hommage où l'ironie resta toujours voisine de l'enthousiasme et où le moqueur ne lâcha pas l'érudit d'une semelle.

Il venait d'achever une longue tournée en Corse, durant laquelle il avait écrit *Colomba* et réuni les matériaux d'une curieuse dissertation sur les antiquités de la vieille Cyrnos. Après ce double travail, il s'accorda, à Naples, quelques semaines de voluptueuse oisiveté. Après quoi, il visita la Grèce en compagnie d'Ampère et de Charles Lenormant. Mais un accident, accompagné de circonstances singulières, le priva bientôt d'un de ses deux compagnons. « Nous étions ensemble, racontait Mérimée

dans une lettre, près de vingt ans après l'événement,
nous étions ensemble, allant aux Thermopyles, des-
cendant un ravin très roide à pied, tenant nos chevaux par la bride. Nous vîmes tout à coup, sur la
crête de la pente opposée dudit ravin un homme qui,
malgré l'escarpement et les rochers, allait courant
comme s'il tombait. Il avait pourtant un grand man-
teau blanc, un long fusil, et un daim mort sur les
épaules. Il fut au fond du ravin avant nous et là nous
nous rencontrâmes. Je lui demandai s'il voulait
nous vendre son daim. Il me répondit : « Je veux le
« manger avec mes amis ». Cela se dit en grec : *tous
filous mou*. Ce mot de « filous » me fit rire, car cet
homme avait très mauvaise mine. Au moment de
remonter à cheval, M. Lenormant me demanda ce
que je pensais de cet homme. Je lui répondis qu'il
m'avait tout l'air de Samiel, le chasseur sauvage.
« Non, dit-il, je crois que c'est le diable. — C'est
« très probable », lui dis-je, et je partis en avant avec
Ampère. Au bout d'un moment, surpris de ne pas
entendre des pas de chevaux derrière nous, je me
retournai et je vis M. Lenormant par terre avec
l'épaule démise. C'était loin de tout secours. Nous
le portâmes comme nous pûmes dans un village, et il
se passa deux jours avant que nous pussions trouver
un médecin. Pendant ces deux jours, il resta à peu
près seul et, plus tard, il a raconté qu'il avait
employé ce temps à réfléchir et qu'il s'était con-

verti. » Lorsque Lenormant, dans son cours, confiait à ses auditeurs qu'il avait vu le diable, il ajoutait, paraît-il : « M. Mérimée l'a vu comme moi. » On vient de voir ce qu'en pensait Mérimée.

Il ne fut pas moins sceptique à l'endroit de Léonidas lorsqu'il étudia le champ de bataille des Thermopyles, son Hérodote à la main, comme il avait étudié le siège de Gergovie avec les *Commentaires*. Depuis vingt-trois siècles, beaucoup de choses avaient changé; d'autres étaient restées étonnamment identiques à elles-mêmes. Là où il cherchait la mer qui fermait jadis l'étroit défilé, il ne voyait qu'une large plaine plantée de betteraves, et à la place du lion de pierre érigé par les Spartiates, un corps de garde occupé par les Chorophylaques.

En revanche, lorsqu'il entendit craquer sous ses pas les feuilles sèches des yeuses, il se rappela que ce même bruit avait averti Léonidas de l'approche des Immortels lorsqu'il fut cerné et que vint l'heure de la lutte finale. Ce ne fut pas sans émotion — il en est convenu lui-même — qu'il gravit le tertre vert où étaient tombés les derniers combattants. Quant à Léonidas, sans rien rabattre de son courage, Mérimée estimait qu'il s'était montré, en cette circonstance, un piètre général. « Il eut le tort d'occuper de sa personne un défilé imprenable et de s'amuser à tuer des Persans, tandis qu'il abandonnait à un lâche la garde d'un autre défilé, moins difficile, qui débouchait à deux lieues en arrière des Thermopyles. Il mourut en héros, mais qu'on se représente, si l'on peut, son retour à Sparte, annonçant qu'il laissait aux mains du Barbare les clefs de la Grèce! »

Voilà bien, semble-t-il, la vision claire et le langage précis de l'historien critique. C'est dans cet esprit qu'il parcourut la Grèce, essayant de démêler le vrai du faux et de retrouver l'histoire sous la légende, prêt à goûter ce qu'il voyait, mais à bon escient et toujours en garde contre les illusions ou les surprises : sorte d'état d'âme intermédiaire entre la fièvre admirative de Byron et l'impertinence systématique d'Edmond About.

Il continua son voyage seul avec Ampère, et, de Grèce, passa en Asie Mineure. Ils quittèrent Smyrne pour se rendre à Éphèse, avec une escorte cosmopolite, composée d'un Grec né à Peshawur, d'un Français qui avait oublié sa langue et d'un Turc qui s'enivrait de rhum. Mérimée était porteur d'un passeport poétiquement libellé par un gendarme turc et qui lui attribuait « des yeux de lion et des cheveux de tourterelle ». Il faut ajouter qu'il avait laissé pousser une énorme paire de moustaches qui devait singulièrement changer le caractère de sa physionomie. L'homme restait le même, calme, attentif, prompt à prendre une note ou un croquis avec tout le sang-froid et le coup d'œil scrutateur de l'archéologue en tournée. A peine entré dans Éphèse, il jugea cette architecture coquette et barbare « C': était l'œuvre d'artistes grecs travaillant pour le goût romain ». Cependant Ampère s'abandonnait à ses sensations : « Le théâtre était rempli par un troupeau de chèvres noires. Un petit chevrier turc sifflait, assis sur un débris. Une immense volée de corneilles décrivait de longs circuits dans les airs. Vers la montagne, le ciel était pluvieux et grisâtre et d'un éclatant azur du côté de la mer. Sur des nuages cuivrés passaient des nuages blancs comme des spectres. Par moments, une lueur claire et pâle illuminait les ruines immenses, les cimes sévères, la plaine déserte. Je n'ai rien vu de plus sublime. »

Une réminiscence, tombée par hasard de la plume de Mérimée bien des années après, dans une lettre intime, nous dit la fin de cette journée d'Éphèse, et ce qu'il advint de ce ciel étrange partagé entre l'azur et la nuée orageuse. Les deux amis passèrent la soirée dans un petit café, pendant que le tonnerre et les éclairs faisaient rage. Ampère, à la lueur d'une petite lampe, lisait un livre chinois, et Mérimée s'étonnait, car comment travailler hors de chez soi, quand on n'a ni sa table, ni ses chats, ni ses bouquins, ni rien de ce monde familier qui entoure l'écrivain et semble collaborer avec lui?

Le dernier épisode de ce voyage nous montre Mérimée et Ampère assaillis par des chiens sauvages sur l'emplacement de la citadelle de Sardes et prenant un bain dans le Pactole; non un bain de richesse, mais un bain de propreté qui leur parut encore plus agréable. Au retour, Mérimée s'arrêta encore à Rome. Il y reçut une lettre de Chateaubriand qui mêlait dans un compliment bizarre Colomba et Catilina, et faisait voir plus d'empressement que d'adresse à caresser les jeunes talents.

Revenu à Paris, Mérimée recommença ses travaux d'approche autour de l'Institut. L'Académie, pour se donner, exige qu'on se déclare et qu'on lui fasse la cour : Mérimée fit voir qu'il s'entendait à ce jeu. Son ardeur paraît avoir un peu étonné et fort amusé ses amis. Doudan, bien placé, comme on sait, pour recueillir les malices du monde aristocratique et académique, écrivait au prince de Broglie : « Mérimée consulte le sort en ouvrant un Homère au hasard et en interrogeant le sens des premiers mots de la page ». Doudan ne se trompait que sur un point : ce n'était pas Homère, mais Virgile qui rendait les oracles. Mérimée raconte dans une lettre à Charles Lenormant qu'il est tombé sur le vers :

Dissultant ripæ, refluitque exterritus amnis,

ce qu'il traduit librement par : « La porte s'ouvre et *terne eau* est refoulée ». En effet, l'oracle s'accomplit, et, le 18 novembre 1843, l'historien de la guerre sociale et de la conjuration de Catilina était élu

membre libre de l'Académie des Inscriptions par
vingt-cinq voix contre onze, données à M. Ternaux.
La faction cléricale, le parti de l'École des Chartes,
conduit par Raoul Rochette, essuyait une déroute,
soit à cause de l'insuffisance de son candidat, soit
parce que Mérimée n'avait pas autant d'ennemis ni
aussi acharnés qu'il s'en flattait.

Quelques jours après, il prenait sa place parmi la
docte compagnie : « J'ai fait hier mon entrée à
l'Académie, écrivait-il à Mme de Montijo. Le secrétaire perpétuel, ayant mis des gants dont il n'use, je
crois, qu'à cette occasion, m'a conduit par la main
comme sa danseuse, au milieu de l'auguste assem-
blée, qui s'est levée en pied comme un seul homme.
J'ai fait quarante saluts, un pour chaque membre.
Je me suis assis et tout a été dit. Heureusement qu'à
cet établissement on ne fait pas de discours comme
à l'Académie française. »

Son élection à l'Académie française, qui eut lieu
le 14 mars 1844, fut beaucoup plus disputée. Il ne
passa qu'au septième tour de scrutin, avec dix-neuf
voix, tandis que M. Casimir Bonjour en obtenait
treize et qu'une s'égarait sur de Vigny. Le lendemain, Molé et Salvandy, après avoir lu *Arsène
Guillot* manifestèrent publiquement le regret de
l'avoir nommé. Réduite à dix-sept, la majorité fût
encore restée acquise à Mérimée.

Son discours de réception lui donna mille peines.

Il avait à louer un homme qu'il n'aimait point et n'estimait guère, Charles Nodier. Il lui en voulait d'avoir écrit des ouvrages qu'il fallait lire pour composer son oraison funèbre. Il lui en voulait d'avoir groupé et abrité dans son fameux salon de l'Arsenal la jeune couvée romantique. Faux proscrit, faux érudit et peut-être aussi faux bonhomme — l'expression n'était pas encore créée, mais le type existait, répandu à nombreux exemplaires, dans la société et dans la littérature, — Nodier ne lui paraissait avoir été sincère en rien. Même ce qui, dans l'auteur de *Trilby* et de la *Fée aux Miettes*, est presque bon et à moitié durable, la grâce maniérée, la gentillesse idyllique, le tour d'imagination rêveuse et vague, le gothique joujou qui met *Notre Dame de Paris* en conte de nourrice, Mérimée ne comprenait rien de tout cela. Pendant qu'il limait les phrases polies, décentes, discrètement laudatives de sa harangue, l'envie lui venait de prendre un ton tout opposé et de démolir son héros en quelques paroles brutales et cinglantes. Il se soulageait, du moins, en racontant à ses amis les anecdotes scabreuses ou ridicules qui étaient venues à sa connaissance et qui ne pouvaient trouver place dans la harangue académique. Entre autres celle qui montre Nodier recevant le fouet à neuf ans des mains d'une dame de Besançon à laquelle il avait eu l'aplomb de donner un rendez-vous.

Un discours écrit dans de telles dispositions ne pouvait être bon. D'ailleurs, l'éloquence n'était pas son fait. Comment eût-il été éloquent, alors qu'un mot de trop le faisait souffrir et qu'il était, en toutes choses, l'ennemi implacable de la rhétorique? Toutes les fois qu'il eut à parler en public, il fut médiocre et banal, mais il ne l'a jamais été davantage que le jour de sa réception à l'Académie, si ce n'est quand il y souhaita la bienvenue à son ami Ampère. En pareil cas, il était toujours enchanté de lui-même. Mais le témoignage qu'il se rendait était bien moins une illusion de sa vanité que la joie, presque naïve, d'avoir survécu à une épreuve qui lui était horriblement pénible. Le jour de sa réception, il était « plus vert que les broderies de son habit » et il avait « l'air d'un homme qu'on mène pendre ». Le moyen de s'étonner après cela, que, le soir, il se tînt pour satisfait!

Dans son discours, il s'était religieusement conformé à toutes les traditions du lieu, alors plus étroites qu'à aucune époque. Il croyait avoir été très hardi, très indépendant, très personnel en mêlant à ses professions de foi toutes classiques, l'expression d'une vague réserve en faveur du XVIe siècle français et des génies étrangers. A part ces quelques mots, rien n'eût empêché M. Casimir Bonjour lui-même, s'il avait été élu, de penser et d'écrire ce discours. Il n'est, du reste, nullement supérieur à celui de M. Étienne, qui était chargé de recevoir le nouvel élu et de le faire passer sous un arc de triomphe, parfois très semblable aux fourches caudines. Mais M. Étienne n'y entendait point malice. Il loua Mérimée de ce qu'il avait fait et plus encore peut-être de ce qu'il allait faire : « Que ne devons-nous pas attendre de cette histoire du conquérant des Gaules que vous nous avez promise et à laquelle vous venez de préluder avec tant de succès ! »

En effet la vie de César devait compléter la trilogie commencée avec la guerre sociale et la conjuration de Catilina. Ce grand sujet l'attirait, le passionnait : le mot n'est pas trop fort, même quand il s'agit de Mérimée. Une médaille de César le plonge dans le ravissement, il suit son héros de champ de bataille en champ de bataille ; il apprend, pour mieux le comprendre, la technique de la guerre romaine. Le nom et le souvenir de César reviennent à chaque instant dans ses lettres intimes. En voyage, tout le fait songer à César. C'est le nez de Wellington ; ce sera, plus tard, le crâne de Morny. Barbès, qu'il voit enfermé au Mont Saint-Michel, c'est César à ses débuts, prêt à se jeter dans toutes les équipées et dans toutes les folies politiques de son temps.

Ce livre qui le hantait, qui l'obsédait, qui devait être son « maître livre », l'a-t-il écrit ? On le croirait, à lire certaine lettre à M. Lenormant où il en

est question, comme s'il n'y avait plus qu'à envoyer
le manuscrit à l'imprimeur. M. de Loménie, qui
puisait ses renseignements dans la famille Lenormant, croyait fermement à l'existence de ce manuscrit. Bien plus, il était persuadé qu'il l'avait tenu
dans les mains à l'époque où tous les papiers de
Napoléon III étaient au pouvoir du gouvernement
de la République. Cependant ces papiers ont été,
finalement, remis aux héritiers de l'Empereur, et la
Vie de César, par Mérimée, ne s'y trouve pas. Où
donc est-elle? Qu'est-elle devenue? Voilà un mystère à débrouiller pour les chercheurs d'énigmes.

Il est vraisemblable que cette *Vie de César* n'a
jamais été écrite et que le manuscrit, touché, mais
non lu par M. de Loménie, n'était qu'un simple
mémoire à consulter, rédigé par Mérimée sur le
désir de l'Empereur, avec les notes autrefois réunies
pour l'exécution du même travail. On remarquera le
grand nombre d'années écoulées entre la flatteuse
mise en demeure de M. Étienne et la collaboration
de Mérimée à la *Vie de César* par Napoléon III. Qui
empêchait Mérimée, pendant ce laps de temps, de
publier son propre livre? Qui l'obligeait à chercher
d'autres sujets d'étude dans l'histoire d'Espagne et
dans l'histoire de Russie? S'il a renoncé à César,
c'est donc librement et de son plein gré, longtemps
avant que Napoléon III eût fait connaître ses pro-
jets. Le blâmera-t-on d'avoir mis à la disposition de

l'Empereur sa connaissance du sujet et les matériaux qu'il n'avait point utilisés? Il eût été capable
de montrer une égale complaisance envers tel écrivain de ses amis qui se serait trouvé dans le même
cas. Il ne faut pas oublier qu'il déconseilla d'abord
l'entreprise à son souverain. Il eût voulu que l'Empereur se contentât de la mémorable préface que
l'on sait. Il voyait donc d'immenses difficultés à
écrire l'histoire de César, et il est bien permis de
croire qu'il avait reculé lui-même devant ces difficultés.

Essayons de nous figurer ce qu'eût été la *Vie de
César* par Mérimée. Comme on l'a vu, César le fas-
cinait par ses vices aussi bien que par ses talents.
En lui palpant le crâne, il lui avait découvert
« toutes les bosses du bien et du mal », et l'examen
de ses actions donnait à peu près le même résultat.
César avait aimé les femmes, l'art, la guerre, tout
ce qui, selon Mérimée, valait la peine d'être aimé.
A la fin, il avait aimé, et très sincèrement, le bien
public. « Il avait commencé par être un fort mauvais drôle — c'est Mérimée qui parle — et il allait
devenir honnête homme au moment où il avait été
assassiné. » Du mauvais drôle que César a été
ou de l'honnête homme qu'il allait être, lequel plaisait le plus à Mérimée? le point n'est pas facile à
résoudre, mais quelle savoureuse vie de César il
nous eût donnée s'il l'avait développée sur ce ton et

dans cet esprit, s'il l'avait écrite à la Stendhal ou
mieux à la Mérimée, j'entends à la façon du Mérimée de la *Chronique* et des *Lettres à Panizzi*, qui
était si prompt à pénétrer et si habile à peindre les
caractères et l'intrigue de la comédie mondaine ou
politique. Mais ce n'est pas ce Mérimée-là qui eût
écrit la *Vie de César*. Il eût passé la plume — la
fameuse plume d'oie, taillée par un garçon de l'Institut — à Mérimée l'épigraphiste, le numismate, le
paléographe et l'archéologue, à Mérimée membre de
deux Académies. Il se fût étudié à être « froid et
juste » : adieu le charme, l'ironie, la désinvolture,
le diable au corps, le je ne sais quoi.

L'amant de Cléopâtre y eût perdu : le réformateur
de la République y eût-il gagné? Mérimée était
arrivé très vite, comme tous les dilettantes, à croire
que la liberté ramène infailliblement le désordre ou
la corruption; que les peuples doivent être conduits
au bonheur les yeux bandés; que les principes ne
sont rien, les hommes tout et qu'en somme un tyran
de génie qui organise la démocratie, en lui donnant
du pain et des jeux, est peut-être la moins mauvaise
constitution que l'on connaisse ici-bas. Cette idée,
c'est la « religion des héros » de Carlyle, ou la
théorie des « hommes providentiels » telle qu'elle
apparaît dans la préface impériale dont il vient
d'être question. Présentée avec une véhémence pas-
sionnée ou avec une conviction sereine et mystique,

elle a pu s'imposer comme un dogme à certaines
intelligences. Avec l'esprit, à la fois douteur et tran-
chant de Mérimée, elle risquait de prendre l'aspect
d'un dur et méprisant paradoxe. Il sentit probablement que ses épaules ne porteraient pas jusqu'au
bout ce lourd sujet. Pour faire de César un grand
tribun démocratique, il n'avait pas toute la conviction, ni — faut-il le dire? — toute l'illusion nécessaire. Il ne trouvait pas en lui le courage d'ignorer
certains faits, d'en interpréter d'autres comme il eût
fallu. Peut-être aussi désespérait-il de combler certaines lacunes, d'expliquer certaines contradictions
et de résoudre certains problèmes d'érudition, de
façon à se satisfaire lui-même et à éviter les railleries de la critique allemande. C'est pourquoi il se
tourna d'un côté tout différent. Pendant que
M. Étienne continuait à attendre la *Vie de César*,
Mérimée était fort occupé à écrire celle du roi don
Pedre.

La comtesse de Montijo n'avait certainement pas
été étrangère au choix de ce nouveau sujet : elle
l'aida de tout son pouvoir dans l'exécution. Elle mit
en mouvement tout ce qu'elle connaissait de savants
hommes en Espagne — elle en connaissait beaucoup — pour lui procurer des documents. De son
côté, il ne s'épargna point. On le voit travaillant à
Barcelone entre deux archivistes, le père et le fils,
qui lui apprennent à déchiffrer le vieux catalan. De

là, il va courir en Angleterre à la recherche d'un manuscrit espagnol du XIVe siècle qui est venu se nicher dans la bibliothèque d'un grand seigneur. Quelquefois sa conscience historique est traversée de scrupules qui le mettent mal à l'aise. Il a choisi don Pedre pour texte, parce qu'il a cru voir en lui le rude, le hâtif ouvrier de la centralisation monarchique et de l'unification espagnole, qui a échoué en 1365 dans l'œuvre accomplie cent ans plus tard et qui a payé de sa vie l'erreur de s'être trompé de siècle en naissant. Par moments, il ne voit plus en lui qu'un gueux sombre et féroce. Alors il est près d'abandonner le livre : son amie le soutient, le ranime, étant de celles qui ne doutent jamais, pas plus que son cousin Ferdinand de Lesseps.

Enfin l'*Histoire de don Pedre Ier* vit le jour, mais les livres ont leur destin, et l'ironique destin de celui-ci voulut qu'il portât le millésime de 1848. Il eût fallu bien de la philosophie et de la vertu pour s'intéresser à la rivalité de don Pedre et de don Henri entre la bataille de Février et la bataille de Juin. Le livre a été traduit en anglais presque immédiatement, j'ignore avec quel succès. En France, il n'a jamais été réimprimé et ne s'est point relevé de cette malencontreuse entrée dans le monde. Or, cet oubli est-il juste? M. de Loménie, cédant peut-être à un accès de complaisance envers soi-même à la pensée que, presque seul parmi sa génération, il avait lu don Pedre, assurait l'Académie française, le jour de sa réception, que c'était le meilleur ouvrage historique de Mérimée. Il me semble que c'en est à la fois le meilleur et le plus mauvais, celui où il y a le plus de qualités et le plus de défauts, où le système donne tous ses fruits et révèle toutes ses pauvretés, toutes ses faiblesses. Dans aucun autre de ses ouvrages, il n'a tant sacrifié aux superstitions académiques et à la déplorable préoccupation de bien écrire. Le langage, en bien des pages, est pis que vieux : il est vieillot. On dirait qu'il a passé la pierre ponce sur l'originalité de son style afin d'obtenir ce poli, cette fade perfection que réclamait « la muse sévère de l'histoire ». Dans *Don Pedre*, il a suivi plus fidèlement que jamais les errements des anciens. Sa bataille de Navarete est une vraie bataille de Tite-Live : claire, animée, dramatique. C'est sous la forme de discours, directs ou indirects, qu'il traduit toutes les pensées politiques de ses personnages. Ce qu'il y a de meilleur dans *Don Pedre*, ce sont les connaissances de toutes sortes que le livre suppose, et qui se présentent sans cesse sous forme d'allusions, de souvenirs, de comparaisons. Lorsque Mérimée veut nous faire comprendre la tactique ou l'armement du moyen âge qu'il connaissait à fond, il l'explique en l'opposant à l'armement ou à la tactique des Romains qu'il connaissait également bien. Lorsqu'il fait le tableau des institutions si curieuses et si par-

ticulières de la Castille au XIVe siècle, il l'éclaire en
faisant ressortir les ressemblances ou les contrastes
avec la France ou l'Angleterre du même temps qui
ne lui étaient pas moins familières [1]. L'*Histoire de don
Pedre* — Mérimée l'a loyalement reconnu dans sa
préface — n'est guère que la chronique d'Ayala,
modernisée, commentée, contrôlée et, en quelques
parties, complétée. On cherche, du moins, des conclusions qui appartiennent en propre à Mérimée, mais
le même scrupule, la même inquiétude qui l'avait
troublé au cours de son œuvre, l'a empêché de con-
clure nettement et le livre nous laisse précisément
dans le doute d'où il devait nous tirer. En somme,
demeure-t-il prouvé que don Pedre a voulu autre
chose que régner et faire du mal à ses ennemis?
Voyait-il plus loin que son temps? A-t-il été un
« cruel », ou un « justicier »? N'a-t-il eu que des
passions? A-t-il eu un système? Ou bien a-t-il eu à
la fois, comme Louis XI, Henry VIII, Louis XIV et
Pierre le Grand, un système et des passions?

En d'autres temps, Mérimée aurait pu regarder le
médiocre succès d'un livre si soigneusement, si
longuement, si amoureusement préparé, comme un
avertissement significatif. Mais, en 1848, il n'y avait
de succès pour personne. Le bruit qui se faisait

---

1. Aussi a-t-on peine à s'expliquer par suite de quelle dis-
traction il a pu nommer, comme le successeur d'Édouard III,
le roi Édouard IV, qui n'a régné qu'un siècle plus tard.

dans la rue empêchait d'entendre ce qui se disait dans les salons et dans les Académies. Même là, on ne songeait plus qu'à discuter les événements du jour et les dangers du lendemain. Parlant des manifestes, des professions de foi, des affiches électorales de toute nature qui bariolaient les murs de la capitale, il écrivait tristement : « Pendant longtemps, nous n'aurons pas d'autre littérature ». Il n'était pas sans inquiétude sur son avenir. De même qu'il s'était trouvé un des vainqueurs de Juillet sans avoir pris part à la bataille, il sentait qu'il était un des vaincus de Février, bien qu'il n'eût jamais eu beaucoup de sympathie pour le souverain déchu ni beaucoup de respect pour le régime parlementaire. Ses hautes relations orléanistes le rendaient suspect, et il n'était pas homme à renier ses amis ou à flatter les maîtres du jour. La comtesse de Montijo, alarmée de cette situation et du profond découragement qui perçait dans les lettres de Mérimée, lui offrait un asile à Madrid, pour lui et pour sa vieille mère. Déjà connu et apprécié là-bas, puisqu'il venait d'être élu membre de l'Académie de l'histoire, il y poursuivrait, sinon à l'abri des révolutions, du moins parmi des révolutions qui ne le concernaient point, sa carrière d'écrivain, tranquille et honoré, en attendant que des jours meilleurs eussent lui pour la France. Cette proposition toucha beaucoup Mérimée, mais il ne l'accepta point, non plus qu'aucune des offres amicales qui l'accompagnaient. Il ne se sentait pas le droit de se désintéresser des événements qui troublaient son pays. Son devoir de citoyen était à Paris et il tenait à le remplir. C'est ce qu'il fit entendre à Mme de Montijo, mais avec une discrétion qui, selon son habitude, évitait les grands mots.

Ces lettres à Mme de Montijo sont bien faites pour nous consoler des impertinences qu'écrivait à son ami Stendhal le chef de cabinet de M. d'Argout. Graves, douloureuses, clairvoyantes, impartiales dans leur sévérité, elles racontent au jour le jour ces temps de malaise et de fièvre dont la tristesse a pu être égalée, mais non dépassée par les terribles semaines de 1871. Il vit de près tous les événements. Il était aux Tuileries le 24 février; et c'est à son bras que Mme Delessert, la femme du préfet de police, put sortir du palais envahi. Il faisait partie du bataillon de la garde nationale qui délivra la Chambre de l'émeute le 15 mai. Pendant les journées de juin, il ne quitta guère l'uniforme, et par les spectacles qu'il rapporte, nous pouvons juger qu'il ne s'épargna point, car le poste le plus intéressant était aussi le plus dangereux. Il assista à des actes de dévouement sublime et de féroce cannibalisme. Il attribuait les uns à l'âme populaire, les autres aux démagogues qui la trompent et l'irritent pour exploiter ses erreurs et ses colères. L'horreur de cette révolution sociale, vue de si près, ne s'effaça point et demeura, tant qu'il vécut, un de ses sentiments les plus forts.

Ses prévisions pessimistes allaient bien au delà du présent. Il croyait assister à la décomposition d'une société, à la fin d'un peuple. Il eût fallu un homme pour nous sauver, et cet homme ne se montrait point. Qui sait si l'Europe n'allait pas se lever pour nous mettre à la raison? Enfant, il avait vu les chevaux des Cosaques parqués dans les Tuileries : il s'attendait presque à les y revoir, au déclin de sa maturité. Il se rassura un peu pendant les années qui suivirent. Mais, durant ces années-là, nous le perdons de vue en quelque sorte. Pour une raison ou pour une autre, ses lettres de cette époque sont très rares et sa vie intime se dérobe à nous. Quant à son œuvre littéraire, elle se compose de nombreux rapports au ministre, de quelques articles de critique artistique et historique insérés dans la *Revue des Deux Mondes* et de deux ou trois notices biographiques. Quelques fragments, parus dans le *Magasin pittoresque*, sans nom d'auteur, indiquent chez lui le désir de battre monnaie avec son érudition. C'est alors qu'il commença l'étude du russe et publia ses premières traductions de cette langue. C'est à cette même période qu'il faut rapporter le petit écrit anonyme intitulé H. B., dont le cynisme lui a été si souvent reproché. Cet ouvrage, si précieux pour l'intelligence du véritable Beyle et du véritable Mérimée, a été plusieurs fois réimprimé, mais toujours en secret. Personne ne l'a lu, mais tout le monde le connaît, car il n'y a pas une seule ligne de cette singulière oraison funèbre qui n'ait été vingt fois citée par les critiques et les historiens de la littérature. On se décidera sans doute à la donner au public qui en a vu bien d'autres depuis quelques années et qui ne comprendra guère la pruderie des générations précédentes.

En 1850, une malice d'Arsène Houssaye, alors administrateur général de la Comédie-Française, fit de lui, pour quelques soirées, ce que depuis longtemps il avait dédaigné ou désespéré d'être : un auteur dramatique. Malice double. En représentant le *Carrosse du Saint-Sacrement*, cette délicieuse petite saynète, insérée, en 1830, dans la seconde édition de *Clara Gazul*, Arsène Houssaye se proposait de faire enrager le parti des évêques, alors tout-puissant. En donnant le rôle de la Périchole à Augustine Brohan, il rapprochait Mérimée d'une femme dont on le disait fort épris et se ménageait, par là, à lui-même, un divertissement de haut goût, rien n'étant plus amusant, paraît-il, que le spectacle d'un homme d'esprit amoureux pour un autre homme d'esprit qui ne l'est pas. La comédienne, lasse de jouer toujours les soubrettes, se passionna pour ce joli rôle et écrivit elle-même à Mérimée pour lui demander son autorisation. Mais elle eut grand'peine à vaincre sa résistance. Les circonstances qui ramenaient les cléricaux au gouvernement pouvaient présenter quelque analogie avec celles de 1829; les Falloux et les de Crouzeilhes avaient, peut-être, un certain air de famille avec les Villèle et les Polignac; mais la situation de l'auteur était toute changée. En 1829, il avait tout à gagner, en 1850 tout à perdre en attaquant des hommes de qui dépendait sa position et avec lesquels, d'ailleurs, il sympathisait maintenant en beaucoup de points, puisqu'ils défendaient la société contre ses éternels ennemis. Il avait grande envie de faire plaisir à la comédienne, mais ne se souciait plus autant de faire de la peine aux évêques. Il finit par donner son consentement, mais de mauvaise grâce. En tout cas, Houssaye fut privé du petit divertissement qu'il s'était préparé. Mérimée ne parut qu'une fois aux répétitions et ne prit aucune part à la mise en scène. Le jour de la première, il arriva, escortant deux dames. Comme il allait entrer dans sa loge, il entendit des bruits hostiles dans la salle. « Est-ce moi qu'on siffle? demanda-t-il à Houssaye. Je vais siffler avec les autres. » Et, sur ce mot, il entra. Aux soirées suivantes, la pièce ne fut ni attaquée ni défendue; la presse se montra ironique ou indifférente. Après cinq représentations, on retira le *Carrosse* de l'affiche; une indisposition, réelle ou prétendue, de l'actrice couvrit la retraite.

Bien que Mérimée eût affecté de prendre gaîment
son échec, cet enfant gâté de la popularité littéraire
garda un pénible souvenir de ce contact, unique
dans sa vie, avec une rude et directe malveillance.
Il en voulut secrètement à ceux qui lui avaient attiré
une si désagréable expérience. En revanche, il n'eut
à blâmer que lui-même des ennuis que lui donna
l'affaire Libri.

M. Libri avait été un des favoris du précédent
régime. Cependant des soupçons s'élevaient contre
lui bien avant la révolution de Février. On l'accusait
d'avoir abusé de sa haute situation pour soustraire
des livres précieux dans les collections publiques et
des dénonciations discrètes avaient obligé le gouvernement à ouvrir une enquête. Le rapport judiciaire
qui résumait les résultats de cette enquête se trouvait, au 24 février, sur la table de M. Guizot. La
révolution s'en saisit et publia le document. Il ne
restait plus à la magistrature qu'à poursuivre ; c'est
ce qu'elle fit. Prévenu à temps, M. Libri, avec
toute la dextérité d'un escamoteur, avait mis sa
personne, sa fortune et sa bibliothèque à l'abri, de
l'autre côté de la Manche. Il fut condamné par
contumace et se défendit de loin par des factums
de forme plus agressive qu'apologétique. C'est à
ce moment que Mérimée intervint dans ce malheureux débat. Il considérait M. Libri comme une vic-
time politique. Il le voyait flétri par les hommes,

qu'il avait eus lui-même pour adversaires assidus, c'est-à-dire le clan archéologique, à tendances cléricales, dont le quartier général était à l'École des Chartes. Ne l'avait-on pas accusé lui-même d'une soustraction de manuscrit? Il semblait à Mérimée que l'accusation portée contre M. Libri, puisqu'elle venait du même côté, devait reposer sur des fondements analogues.

En y regardant de près, on trouverait encore d'autres motifs à la conduite de Mérimée en cette affaire. Lorsqu'il s'agit de lui, il faut toujours avoir en mémoire l'axiome du criminaliste célèbre : « Cherchez la femme! » Ne la cherchons pas cette fois, de peur de la trouver. Quoi qu'il en soit, il crut pouvoir discuter très librement et de haut dans la *Revue des Deux Mondes* le rapport des experts qui avait entraîné la condamnation de Libri. Mais la magistrature ayant endossé ce rapport, c'est à la chose jugée que s'adressaient les critiques et les impertinences de Mérimée. Il fut cité à comparaître avec le gérant de la *Revue*, et s'entendit condamner à mille francs d'amende et à quinze jours de prison « pour offenses envers la magistrature ». Cette affaire, tant qu'elle dura, l'avait fort tracassé et irrité. Comme toujours, la nécessité de paraître en public, la peur d'être ridicule était sa grande préoccupation. L'arrêt rendu, il retrouve sa sérénité et lorsqu'il se constitua prisonnier pour « faire sa

peine » la nouveauté et la gaîté de la situation lui
firent oublier les désagréments qui avaient précédé.
A la Conciergerie — où il eut pour compagnon de
captivité son ami M. Bocher, — il travailla à ses
études sur les *Faux Démétrius*, alors attendues par
les lecteurs de la *Revue des Deux Mondes*. Il y recevait de charmantes visiteuses qui lui apportaient
des gourmandises et des nouvelles. Mais, toujours
méfiant, il faisait dans cet aimable empressement
une grande part à la curiosité. C'était la prison
suivant lui, qu'on venait voir beaucoup plus que le
prisonnier. Aussi bien, la procession des curieuses
devenait presque importune. « Le pauvre Bocher
encore plus visité que moi, écrivait-il à Mme Lenormant, se désole et réclame un cachot. » Il donnait
dans cette lettre quelques détails amusants sur son
existence matérielle. « La justice me doit de la soupe
et du pain de *politique*, mais je n'en profite pas. C'est
le traiteur, le buvetier de Messieurs qui me nourrit,
et c'est un artiste pour le veau et les côtelettes. Outre
cela, des dames charitables nous apportent des ana-
nas, des pâtés, des marrons glacés, etc. Nous fai-
sons un thé excellent quand notre esclave, notre
co-criminel, ne boit pas l'esprit-de-vin de nos lampes.
Alors, c'est un jour de deuil.... »

Sa dette payée à la justice, Mérimée partit pour
sa tournée d'inspection générale. Au cours de ce
voyage, il tomba malade à Moulins et pensa mourir

seul dans une chambre d'hôtel. Le moment et la situation évoquaient assez naturellement les *blue devils* dont il était souvent assailli. Sa santé s'ébranlait, il touchait à la cinquantaine et sa vie se dépeuplait d'affections à l'âge où elles deviennent le plus nécessaires. Quelques mois auparavant, au milieu des premières anxiétés du procès Libri, il avait perdu sa mère, et à sa douleur se joignit un profond malaise intime, le bouleversement irrémédiable des vieilles et chères habitudes. « Je crois être tous les jours, écrivait-il à Mme Lenormant, comme un enfant le jour de son entrée au collège. » Puis, il ajoutait : « J'avais encore des illusions à perdre. Depuis un an, j'ai changé d'opinion sur plusieurs personnes. » A qui songeait-il en écrivant cette ligne mélancolique? Aux confrères qui lui avaient lâché pied dans la discussion de l'affaire Libri ou à une trahison infiniment plus douloureuse et plus grave qu'il sentait venir et dont il souffrait déjà? Celle à qui, depuis quinze années, il dédiait mentalement toutes ses œuvres et qui avait été l'inspiratrice de sa vie intellectuelle, à laquelle il avait sacrifié sans regret non seulement le présent, mais l'avenir, en laissant passer l'heure où il aurait pu se créer une famille, cette femme, obéissant à des influences qu'il ne pouvait encore démêler, se détachait de lui peu à peu. A la confiance, à la tendresse des anciens jours succédait un sentiment qui ressemblait à l'hostilité, au dégoût.

A ce même moment, il y avait entre le public et lui un étrange malentendu. Jamais la *Chronique de Charles IX*, jamais *Colomba*, *Carmen*, *Arsène Guillot* et les courtes nouvelles de sa jeunesse n'avaient été plus souvent réimprimées ni lues avec plus de sympathie; sa vocation d'historien, qu'il avait toujours considérée comme sa véritable vocation, ne recevait que les froids encouragements du monde érudit, tandis que la faveur publique adoptait d'autres maîtres, habiles à remuer la jeunesse et à passionner ce genre sévère. Le public semblait lui dire : « Contez-nous encore quelques-uns de ces contes que vous contez si bien ». Mais le conteur était muet; au lieu d'une autre *Colomba* il n'avait qu'un *Don Pedre* à offrir. C'est un cruel état que celui de l'écrivain que tourmente l'affreuse angoisse de déchoir et qui, dans son imagination, autrefois féconde, ne sent plus rien germer ni fleurir.

Depuis le coup d'État de décembre 1851, ses inquiétudes sur l'avenir avaient changé de nature. Il ne craignait plus de voir la France emportée aux abîmes, mais il sentait, il disait dans ses lettres qu'on venait de franchir un tournant décisif de l'histoire, de doubler un cap — c'était sa métaphore — et d'entrer dans des eaux inconnues. Où voguait-on ainsi, à pleines voiles? Vers quelle Atlantide ou quelle Utopie? Il y a des moments où le vieux monde semble rajeunir et faire peau neuve, où la vie est plus savoureuse, où un grand appétit de joie est répandu partout. Dans ces moments-là, il est imprudent d'avoir ou de paraître plus de trente ans. C'est pourquoi Mérimée, qui avait été, avec Musset, l'enfant gâté de la génération de 1830, se demandait quel accueil réservait à sa vieillesse la génération de 1852.

CHAPITRE IV

MÉRIMÉE COURTISAN ET DIPLOMATE
TRAVAUX SUR L'HISTOIRE DE RUSSIE
ET DERNIÈRES ŒUVRES D'IMAGINATION

Les pensées qui tinrent compagnie à Mérimée dans sa solitude durant l'automne de 1852 n'avaient, on vient de le voir, rien de fort gai. Le 1er janvier 1853 lui apporta, à lui et à bien d'autres, une grande surprise. Ce jour-là l'empereur Napoléon III demanda en mariage Eugénie de Gusman, fille de la comtesse de Montijo, qui était, depuis plus de vingt ans, la meilleure amie de Mérimée. Celle qu'il avait promenée tout enfant, bercée sur ses genoux, amusée de ses récits, qui avait reçu de lui des leçons d'écriture et de français, allait devenir sa souveraine. Le premier serment qu'il lui prêta, en apprenant cette nouvelle à laquelle n'eût suffi aucune des célèbres épithètes de Mme de Sévigné, vaut la peine d'être retenu. Il jura de ne jamais lui rien recommander ni personne, et il tint parole. Néanmoins et sans qu'il s'y aidât le moins du monde, sa vie fut toute changée. Le seul fait qu'il était, en France, le plus vieil ami de la jeune impératrice le remettait à la mode, faisait de lui un point de mire et un objectif pour la curiosité des salons. Il fut influent parce qu'on crut qu'il l'était. Le décret qui le nomma sénateur, en assurant largement sa vie, le plaça à jamais au-dessus des mesquines besognes de librairie et lui donna un habit pour les cérémonies officielles, mais n'eût pas ajouté grand'chose à sa situation si l'on n'avait chuchoté dans le public que la souveraine avait sauté au cou de son mari quand il lui avait apporté ce décret. Certes, Mérimée n'était pas insensible à ce détail, ni à mille autres cajoleries délicates qui lui promettaient que sa vie d'enfant gâté allait entrer dans une nouvelle phase encore plus brillante et encore plus douce que les précédentes. Mais pour un homme qui vivait principalement par la curiosité, qui n'était jamais las d'étudier les âmes intéressantes et le jeu des rouages secrets de la politique, rien n'était plus précieux que cette place de spectateur privilégié au cœur même de ce monde nouveau parmi lequel il avait craint d'être un délaissé et un isolé. Ce qu'il vit, il en a conté une partie, au jour le jour, à Mlle Dacquin, à Panizzi et surtout à la comtesse de Montijo. S'il avait tenu un journal de ses impressions quotidiennes, nous posséderions dans ce journal un document sans prix. Mais ce genre de travail réclame beaucoup de loisirs, une méthode, une patience, une mesquinerie consciencieuse qui n'était compatible ni avec le caractère de Mérimée ni avec ses habitudes intellectuelles. Il se contentait de donner à ses correspondants la desserte de ses amusements d'esprit, sans s'inquiéter des répétitions et sans viser à la continuité, laissant perdre une infinité de choses en grand seigneur qu'il était.

Si ses lettres de cette époque peignent très fidèlement la société impériale, elles ne sont pas absolument sincères en ce qui touche sa vie intérieure. C'est vers ce temps qu'eut lieu sa rupture avec Mme X***, et il ne résista pas à la tentation de se draper, devant d'autres femmes, dans sa douleur d'amant abandonné. Il n'avait jamais travaillé pour le public ; son seul mobile avait été de « plaire à quelqu'un ». Maintenant il n'avait plus de goût à la littérature ni même de raison pour écrire. Son talent était mort depuis que son amour ne l'inspirait plus. Il se complaisait dans cette idée à laquelle il revient fréquemment dans ses lettres, surtout avec celle de ses correspondantes qu'il jugeait le plus disposée à le croire. Ce beau chagrin, qu'on serait presque tenté de compter parmi ses bonheurs, dura aussi longtemps qu'un mystère plana sur les causes de la désertion de Mme X***. Cette cause était un autre homme de lettres qui avait beaucoup moins de talent, mais beaucoup plus de jeunesse que Mérimée et qui devait, lui aussi, faire partie de l'Académie française. Si Mérimée ne s'était tant hâté de mourir, cet heureux rival aurait pu lui succéder dans son fauteuil comme il l'avait remplacé dans les bonnes grâces de son amie : nous avons perdu là une piquante oraison funèbre. Mérimée, au bout de quelques années, sut à quoi s'en tenir. Il changea aussitôt de note, se déclara guéri, parla de la chose lestement, mais il en avait parlé pour la dernière fois.

Lorsque les amies de Mérimée virent qu'il avait recouvré toute son indépendance de cœur, cette situation nouvelle leur suggéra l'idée de le marier. Il se défendit contre ces conspirations matrimoniales par des arguments fort sages, tirés de son âge et de ses habitudes. Mais, tout en se défendant, il se laissait approcher et prenait à ce jeu plus de plaisir qu'il n'eût fallu. Une fois on alla jusqu'à le dire marié et il ne fut pas loin de l'être. Des lettres, encore ensevelies dans quelque discret tiroir, nous raconteront peut-être un jour ces romans de sa vieillesse. Il y mit, on peut se risquer à le deviner, infiniment de coquetterie et d'art, avec cette pointe de tristesse qui est la grâce des amoureux de cinquante ans.

Tandis que Mme de Montijo, marieuse intrépide et toujours pratique dans ses ambitions pour ses amis, voulait lui donner une femme afin de le rendre propre aux grandes fonctions diplomatiques, de bonnes âmes s'occupaient de son salut. La plus persévérante fut la personne à laquelle est adressée la *Correspondance inédite*. Dans une lettre à la comtesse de Montijo, Mérimée parle sur un ton passablement railleur d'une « dame mûre », rencontrée dans un bal et qui avait paru disposée à entreprendre sa conversion. A quelques jours de là, il recevait une mystérieuse petite boîte à l'intérieur de laquelle on entendait sonner quelque chose. Il crut reconnaître sur l'adresse l'écriture d'un inconnu qui, depuis une quinzaine de jours, l'accablait de lettres impertinentes. « Je m'imaginai, dit-il, que la boîte devait contenir un pétard ou, tout au moins, une douzaine de hannetons. Enfin j'ai soulevé prudemment le couvercle et j'ai trouvé une médaille d'argent de la Vierge qui me paraît venir de ma dame de plus de cinquante ans. » Il se rappela qu'on vendait près du sanctuaire de Notre-Dame d'Atocha certains rubans où était imprimée une prière « pleine de vertus » et il pria Mme de Montijo de lui en procurer un, afin qu'il pût « rendre à cette âme charitable la monnaie de sa pièce ».

On a quelque peine à s'expliquer qu'après un pareil début, Mérimée se soit laissé entraîner à un commerce de lettres et de visites qui dura une dizaine d'années avec une personne plus âgée que lui, qui n'aimait rien de ce qu'il aimait, qui ne le comprenait guère et qui, avant de le connaître, n'avait pas lu une ligne de ses œuvres. On est étonné, presque choqué qu'il en soit venu à lui écrire : « Il n'est personne à qui je désire tant plaire qu'à vous ». C'était une grande dame, et elle fit de lui ce que les grandes dames font inévitablement des hommes de lettres qui se hasardent dans la sphère de leur influence. Elle le fatigua à des courses sans fin à travers les ministères pour sauver des églises de village auxquelles elle s'intéressait et que l'avarice des autorités locales laissait tomber en ruines. Il s'y prêta avec une bonne grâce admirable et ne montra pas moins de patience envers l'entêtée convertisseuse qui revenait sans cesse à la charge avec moins de tact, nous semble-t-il, qu'on n'eût dû en attendre d'une femme de ce rang et de cette éducation. Pour nous, nous n'avons pas à regretter cette insistance, puisqu'elle fournit à Mérimée l'occasion de s'expliquer d'une manière décisive sur l'origine, la nature et les limites de son scepticisme. Ailleurs il se moque, ici il discute et nous voyons jusqu'au fond de sa pensée. Il résulte de ces confidences, dont rien ne fait suspecter la sincérité, que le doute, chez Mérimée, ne tenait ni aux lectures et aux conversations de sa jeunesse, ni même à son éducation première, mais à son organisation même et à des influences trop anciennes pour qu'il pût en dater l'apparition dans sa vie morale; que ce doute était dans ses fibres, dans sa construction intellectuelle ; qu'il lui était, par nature, impossible de croire comme il lui était impossible de faire des vers ; que, cependant, il avait essayé, qu'il avait étudié la théologie dans cette vue, mais sans autre succès que de fortifier, de préciser son doute, de le rendre irrévocable et de le transformer en une négation. Son amie eut une curieuse inspiration, moitié pieuse et moitié profane : elle se dit que la dévotion à la Vierge semblerait facile à un homme qui, toute sa vie, avait adoré la femme et que, par ce moyen, il serait ramené à la foi. Cette naïve astuce n'obtint pas le résultat désiré et Mérimée lui avoua que le « culte » de la Vierge était, parmi tant d'autres, une de ses grandes objections au catholicisme. Enfin elle lui arracha cette phrase importante : « Je pense beaucoup à Dieu et à l'autre monde, quelquefois avec espérance, quelquefois avec beaucoup de doute. Dieu me semble très probable. Quant à l'autre monde, j'ai beaucoup plus de peine à y croire. » Ces trois lignes renferment toute la religion de Mérimée.

Les heures qu'on donne à ces pensées-là comptent plus dans la vie que les années livrées au monde. Cependant on se ferait une bien fausse idée de Mérimée à cette époque si on se le figurait, d'après la *Correspondance inédite*, méditant sans cesse sur le problème de la destinée humaine. De 1852 à 1865, il y a très peu de théologie et de métaphysique dans

son existence ; mais, en revanche, beaucoup de dîners
en ville, de causeries mondaines, de charades et de
bals masqués, plus, sans nul doute, qu'il ne convenait
à son âge et à sa santé. Les Tuileries, Saint-Cloud,
Fontainebleau, Compiègne, Biarritz prélevèrent la
part du lion sur la vie de cet homme de lettres qui
ne se souciait plus de l'être. Les Tuileries, c'était la
pompe des cérémonies officielles ; Saint-Cloud, c'était
encore l'étiquette et la représentation, mais avec une
sorte de recueillement et de solitude, le repos dans
la grandeur ; Fontainebleau et Compiègne, c'était la
vie de château, grandie aux proportions fastueuses
d'une cour cosmopolite avec cette liberté d'allures
et cette fièvre d'amusement qui caractérisaient l'époque ; enfin Biarritz, c'était l'intimité presque bourgeoise, le véritable repos où l'on oubliait, où l'on
essayait, du moins, d'oublier les responsabilités du
passé, les problèmes du présent, les inquiétudes de
l'avenir. Mérimée prit sa part de toutes ces choses.

Par là, il ne pouvait manquer de se faire beaucoup
d'ennemis. Les dispositions de la jeunesse à l'égard
de Mérimée étaient complexes et vraiment curieuses.
Elle le lisait et l'admirait plus que jamais comme
écrivain. Elle voyait en lui un des maîtres de la
langue, le dépositaire des vraies traditions littéraires,
un moment interrompues par le triomphe du romantisme, le gardien du « goût » : un mot aujourd'hui
suranné et qui était alors sur toutes les lèvres, à une

époque où l'art de dire comptait plus que le don de
penser. Le succès spontané, éblouissant, universel
d'Edmond About confirmait et rajeunissait la gloire
de Mérimée, semblait promettre à son esprit une
longue lignée d'héritiers. En même temps, ce dieu
littéraire était, disait-on, le courtisan, le bouffon de
Napoléon III. Beaucoup le plaignaient ou feignaient
de le plaindre : « Hé quoi! un homme d'un esprit si
brillant et si vif, dont la vie s'était passée dans les
milieux les plus raffinés, devenir l'amuseur d'une
cour où prévalaient les mœurs militaires et le culte
de l'argent, où les plaisirs de l'intelligence seraient
toujours éclipsés par les sports de la force physique! »

Ce mépris et cette pitié n'étaient pas très bien
placés. Mérimée faisait à Compiègne et à Fontainebleau, chez l'impératrice, ce qu'il avait fait si souvent
à Carabanchel chez la mère de l'impératrice sans
que personne s'en étonnât. Il jouait le rôle que
jouera toujours volontiers un homme d'esprit qui est
en même temps un mondain lorsqu'il se trouvera
entouré de jeunes gens et de jeunes femmes et
qu'on lui demandera des conseils, des idées, des
inspirations. Il s'amusa en amusant les autres.

Sans parler de Saulcy et de Viollet-Leduc [1], ses

- 1. Viollet-Leduc, le célèbre architecte, fils du littérateur
dont il a été question dans le premier chapitre et neveu
d'Étienne Delécluze.

9

vieux amis de jadis, maintenant ses complices dans la préparation des charades et des tableaux vivants, il ne manquait point, dans cette cour tant calomniée, de gens d'esprit avec lesquels Mérimée pouvait causer sans déroger. Lorsque, vers la fin, sous l'influence de l'âge et des infirmités qui s'aggravaient, il n'eut plus de goût à la grosse joie et ne pratiqua plus le *dulce desipere in loco*, on ne le laissa pas bouder tristement dans son coin. Dans l'été de 1865, à Fontainebleau, pendant que tout ce qui était jeune, bruyant, moderne à outrance allait fonder le *baby-club* dans une prairie à l'autre bout du lac, les sages, les lettrés, les amis du plaisir subtil et délicat s'amusaient à faire revivre une « cour d'amour », dont la présidente était la belle Mme Przedziecka, l' « autre Inconnue » (aujourd'hui aussi bien connue que la première), et dont Mérimée lui-même était secrétaire.

Quant au reproche de courtisanerie, personne ne le méritait moins que lui et personne n'eût été moins propre au métier de courtisan. D'abord l'idée qu'on se fait d'un courtisan est une notion d'autrefois; elle ne peut subsister que dans la pensée de ceux qui n'ont jamais eu l'occasion d'approcher les princes. Dans une monarchie moderne, au sein d'une société démocratique, il n'y a plus qu'un seul courtisan : c'est le souverain. La musique qu'on lui fait entendre est toujours bonne, les livres qu'on lui dédie toujours beaux, les discours qu'on lui débite toujours éloquents, de même que toutes les fleurs qu'on lui offre et toutes les jeunes filles qui les offrent sont jolies. Condamné à un éternel optimisme, il n'a qu'une attitude, la satisfaction; qu'une forme de langage, l'éloge. Quant à ceux qui l'entourent, ce sont des actionnaires qui ont fait un placement de dévouement politique et qui veillent aux dividendes, à moins que ce ne soient de ces vieux serviteurs exigeants, susceptibles et grondeurs, qui obéissent quelquefois, mais n'approuvent jamais.

Mérimée ne répondait ni à l'une ni à l'autre de ces définitions. Il avait une affection sincère — quoique différente et fort inégale — pour le souverain et la souveraine. Elle, il l'aimait d'une amitié quasi paternelle. Il avait eu une sorte de part à son éducation; il avait vu, pour ainsi dire, jour à jour, se développer son intelligence et s'épanouir sa beauté; il éprouvait une vraie joie à la voir maintenant se tenir avec tant de dignité, de courage et de grâce sur un des premiers trônes du monde. Il en était ravi sans en être étonné. Car il lui avait prédit qu'elle régnerait et connaissait depuis longtemps cette âme royale. Ses sentiments envers l'empereur étaient tout autres, et on se tromperait beaucoup si l'on croyait qu'il passa sans transition du doute et de la moquerie à l'admiration servile, soit après le 2 décembre, soit après le mariage. Sa correspondance avec Mme de Montijo — la plus libre, la plus confidentielle et la plus significative de

toutes ses correspondances — le montre passant peu
à peu, à l'égard de Napoléon III, d'une réserve
observatrice et légèrement sarcastique à une sympathie très réelle, très motivée. Ce n'est pas le cri
spirituellement naïf et archi-féminin qu'arrache la
vanité satisfaite à Mme de Sévigné : « Il faut avouer
que c'est un bien grand roi ! » Non : c'est l'adhésion
franche d'un esprit qui s'est longtemps méfié et qui
a beaucoup hésité, mais qui, enfin, reconnaît l'idéal
politique longtemps cherché. Napoléon III fut probablement, pour Mérimée, ce qu'eût été César sans
les Ides de mars. Après les victoires de 1859,
lorsque la tête du libérateur de l'Italie apparut
laurée sur les nouvelles pièces de monnaie, Mérimée
osa le comparer tout haut au vainqueur des Gaules
dont il avait renoncé à faire son sujet, mais qui
demeurait son héros. A ce moment, le César moderne
écrivait l'histoire de l'ancien et il fit de Mérimée son
collaborateur. Parmi toutes ces intimités et ces fa-
miliarités flatteuses dont il était l'objet à la cour,
aucune ne le flatta plus, ni même autant que celle-
là. L'excursion au site présumé d'Alésia en compagnie de l'historien impérial marqua l'une des plus
heureuses journées de sa vie.

C'est ainsi que l'ami de l'impératrice devint véritablement l'ami de l'empereur. Napoléon III, au
début de cette collaboration, en lui demandant de
rédiger sur ce sujet un travail préparatoire, le pria

de fixer une indemnité pour le service réclamé. « Sire, répondit Mérimée, j'ai chez moi tous les livres nécessaires. Je calcule qu'avec deux mains de papier, une douzaine de plumes d'oie et une bouteille d'encre de la Petite Vertu, je peux suffire à tout. Que Votre Majesté me permette de lui faire ce cadeau. » Le souverain, rendu sceptique par tant de dévouements intéressés qui s'étaient empressés autour de lui, eut un sourire qui signifiait : « Allons! ce sera plus cher. » Mais Mérimée ne présenta jamais son mémoire et le souverain dut payer sa dette en estime profonde, en sympathie véritable.

L'empereur montra-t-il sa confiance à Mérimée en le chargeant de ces missions délicates qui relèvent de la diplomatie secrète ou, tout au moins, de la diplomatie officieuse? Il est fort à la louange de Mérimée que nous puissions nous poser cette question et que nous n'ayons rien à y répondre même après avoir eu sous les yeux sa correspondance intime. Cela prouve, tout au moins, que, de toutes les qualités nécessaires à ce genre de services, il possédait la plus importante, la discrétion! Tout ce que nous savons, le voici. Sous l'empire, Mérimée se rendit souvent à Londres, pour voir ses amis ou pour se livrer à certaines recherches. Lorsqu'on essaya de reconstituer la Bibliothèque impériale, il dut, comme président de la commission nommée à cet effet, étudier sur place l'organisation inté-

rieure et le fonctionnement du *British Museum*. En
1862, il siégea à l'exposition universelle de Londres
comme membre du jury pour les papiers peints. A
cette occasion, il eut à prononcer un discours en
anglais, il en prononça encore un autre au banquet
du *Literary Fund*. Il se trouva en relations cordiales,
quasi familières avec les *leaders* successifs du parti
libéral. Nous voyons, par la correspondance avec
Mme de Montijo, que Lord Palmerston, alors premier ministre, se faisait aider de lady Palmerston
pour entourer Mérimée de prévenances et de cajoleries. Plus tard il fut, pendant plus d'une semaine,
l'hôte de M. Gladstone, et il est probable qu'ils ne
passèrent pas tout ce temps à parler d'Homère. Il
était donc bien placé pour exécuter, sinon des missions, du moins des commissions de haute confiance,
pour pressentir certaines dispositions, porter et
rapporter de ces paroles qui servent de prologue à
des engagements. La France, pendant cette période,
était mal servie à Londres par ses ambassadeurs.
L'empereur avait, au quai d'Orsay, des ministres
dont la pensée intime n'était pas avec lui et dont la
politique contrecarrait sourdement la sienne. Dans
ces conditions, il dut être souvent tenté, sinon d'agir
à part, du moins de se renseigner par ses propres
instruments, et la tâche ne pouvait déplaire à
Mérimée.

De son côté, Panizzi, directeur du *British*

Museum, était démangé du désir de se mêler à la politique. Il rêvait de contribuer à l'unification de l'Italie, sa première patrie, et d'y faire travailler, d'accord avec la France, l'Angleterre, sa patrie d'adoption. Entré tard dans l'amitié de Mérimée, il y avait rapidement conquis une place privilégiée. Il y avait entre eux tant d'affinités! La gourmandise, l'esprit, l'amour de la femme et l'horreur des dévots. En déjeunant avec Panizzi au *British Museum*, en buvant son excellent vin et en mangeant sa subtile cuisine, Mérimée retrouvait le franc parler d'autrefois, la liberté rabelaisienne des bons vivants du café de la Rotonde. Panizzi n'eut pas de peine à intéresser son nouvel ami à son idée : l'union des grandes nations de l'Occident dans une politique anticléricale. Panizzi fut reçu à Biarritz, où il déploya cet art, tout italien, de plaire en se moquant de lui-même. Il fit la conquête de tous, jeunes et vieux, grands et petits. Il causa longuement avec l'empereur et, de retour en Angleterre, lui écrivit par l'entremise du Dr Conneau. Les sympathies personnelles de Napoléon III se dirigeaient dans le même sens que celles des deux amis, mais les circonstances ne favorisèrent point cette politique. L'Angleterre d'alors était aux mains d'un parti pour qui la non-intervention était un dogme. L'empereur, au lieu de continuer son œuvre en Italie, croyait prudent de tenir la balance entre les libéraux et les réactionnaires qui, finalement, s'unirent pour le renverser.

Mérimée désapprouva en lui-même cette politique d'équilibre et de concessions alternatives. Il continua à combattre les partisans de Rome partout où il les rencontrait lorsqu'il avait une arme sous la main. Il fit ce qu'il put pour empêcher ou retarder l'élection à l'Académie de M. de Laprade et du comte de Falloux. Au Sénat, il soutint les libres penseurs de ses votes silencieux et, s'il ne se jeta point dans la mêlée, il applaudit fort au courage de Sainte-Beuve qui s'y précipita. Son rôle au Luxembourg fut honorable, mais n'eut rien de brillant. On le nomma secrétaire, et il remplit avec conscience pendant quelques années ces utiles, mais insipides fonctions. On ne le vit paraître que très rarement à la tribune. La malheureuse affaire Libri fut l'occasion de son premier discours. Si Mérimée avait eu tort de se faire, dix ans plus tôt, l'avocat d'un homme jugé et condamné, il avait deux fois tort, en 1861, de soutenir la pétition de Mme Libri qui demandait au Sénat la revision du procès de son mari. En effet, le condamné avait un moyen sûr de faire reviser son procès, c'était de purger sa contumace. Le gouvernement pouvait, à la vérité, faire appel du jugement qui l'avait frappé. Mais agir ainsi, c'eût été en quelque sorte infliger une flétrissure aux premiers juges et dicter aux nouveaux leur arrêt. Le Sénat ne pouvait conseiller au gouvernement une telle conduite. Telles furent les conclusions du rapporteur, M. Bonjean. Elles furent appuyées par tous les magistrats qui siégeaient dans la haute chambre et le dernier qui prit la parole, M. de Royer, donna le coup de grâce au triste client de Mérimée en révélant qu'il avait, pour obtenir sa naturalisation, falsifié l'acte de décès de son père.

Les conclusions du rapport furent adoptées à mains levées, et il fut heureux pour Mérimée qu'on ne votât point : il risquait d'être seul de son côté. Le discours qu'il prononça ce jour-là ne pouvait, certes, rien ajouter à sa réputation littéraire. Il l'avait prononcé de cette voix froide, sèche, incolore qui eût ôté toute vie à la page la plus éloquente.

Dans une autre circonstance, il eut, du moins, l'honneur de succomber avec la bonne cause, en soutenant les droits de la propriété littéraire et artistique, indirectement mise en jeu par certaine loi sur les instruments de musique mécaniques. La loi des serinettes, comme on la désignait familièrement, ne valait rien; le Sénat, dans un accès d'indépendance envers le pouvoir et de sympathie pour la production intellectuelle qu'on n'aurait guère attendu de lui, avait nommé Mérimée rapporteur, avec l'intention évidente de rejeter la mesure proposée et le principe qu'elle consacrait. Le jour venu, Mérimée fit honnêtement son devoir, mais le Sénat avait réfléchi. La loi, déjà votée par l'autre Chambre, se présentait escortée de M. Rouher et de M. Vuitry qui lui faisaient un rempart de leur éloquence ou, du moins, de leur rhétorique et surtout de leur prestige ministériel. Entrer en conflit avec le Corps législatif, résister à deux ministres, et tout cela pour protéger les intérêts de quelques hommes de lettres, c'était plus que Mérimée ne pouvait obtenir du Sénat. D'ailleurs il était tard et on voulait dîner.

La cour, l'Académie, le Sénat, les travaux des commissions dont il était membre ou président, la vie mondaine en hiver et les voyages d'été en Angleterre et en Écosse, en Allemagne, en Italie, en Suisse, en Espagne, les séjours à Glenquoich chez M. Ellice, à Madrid et à Carabanchel chez la comtesse de Montijo, sa correspondance si volumineuse, ses lectures si variées lui laissaient encore des loisirs. Il les employait — il faut dire le mot, tout étrange qu'il soit, — il les employait en bonnes œuvres, soit qu'il courût les ministères pour obtenir des commandes à des artistes intéressants, ou des subventions pour de vieux monuments menacés de ruine, soit qu'il éditât des lettres de Jacquemont pour venir en aide à la famille de son ancien ami, soit qu'il se fît marchand d'autographes pour obliger la sœur d'Henri Beyle, soit enfin qu'il prélevât sur son traitement de sénateur une pension de cent louis

pour assurer du pain à un vieux camarade tombé
dans la misère.

Lorsqu'on jette les yeux sur la liste de ses productions pendant les sept ou huit premières années
de l'empire, on peut croire d'abord à un retour
d'activité littéraire; mais on reconnaît bien vite que
cette activité est plus apparente que réelle, qu'elle
s'éparpille sur une foule de sujets au lieu de se con-
centrer sur des œuvres importantes, que c'est plutôt
l'activité du journaliste que celle de l'écrivain proprement dit. La signature de Mérimée revient à de
fréquents intervalles dans la *Revue des Deux Mondes*,
dans la *Revue contemporaine* dans le *Journal des
Savants*, dans le *Moniteur*. Beaucoup d'articles de
critique, où l'archéologie, l'histoire et les beaux-
arts tiennent plus de place que la littérature. Ces
articles sont pour la plupart assez faibles; peu
de vues personnelles, aucune originalité dans la
forme. Ce sont de fidèles et consciencieux comptes
rendus, accompagnés de légères annotations critiques sur des points de détail. La liste se grossit de
notices funèbres, composées pour satisfaire aux
devoirs de l'amitié ou pour répondre à des instances
qu'on croit entendre : « Oh! monsieur Mérimée,
vous qui le connaissiez si bien, vous qu'il aimait
tant!... Un mot de vous dans la *Revue*, quelle con-
solation, quelle joie pour sa famille! » C'est ainsi
que les morts quêtent des nécrologies par la bouche

de leurs proches et les vivants mendient des préfaces à peu près dans les mêmes termes. A la littérature de complaisance succédait la littérature de seconde et quelquefois de troisième main : analyses, traductions, éditions et rééditions. De ce dernier groupe il faut détacher son édition de *Fœneste* et sa préface de Brantôme, si laborieusement préparées toutes deux et qui eurent pour résultat un changement important dans ses idées. Ce XVIe siècle qui l'avait fasciné dans sa jeunesse, lui apparaissait maintenant tel qu'il était : grossier sous son raffinement, avec une conception du courage et de l'honneur fort inférieure à celle qui prévaut parmi les humbles bourgeois de nos démocraties modernes. Mais Mérimée avait trop le goût de la mesure académique, il était trop timide en critique et en histoire pour donner toute sa valeur à cette dernière et définitive impression, ainsi que l'eût fait un Michelet ou un Taine. Et, dans ce cas comme dans beaucoup d'autres, c'est à ses lettres intimes qu'il faut demander sa vraie pensée.

Mais ce qui constitue le véritable rôle littéraire de Mérimée pendant la dernière partie de sa vie, ce qui donne à son effort intellectuel la continuité et l'unité sans lesquelles cet effort eût été perdu, c'est cette longue série d'études, patientes et méthodiques par lesquelles il a essayé d'attirer l'attention du public sur l'histoire, les idées, les mœurs et le

génie littéraire du peuple russe. Personne ne l'y
conviait, personne ne l'y aida, très peu l'y suivirent,
et, aujourd'hui que ces études ont pris chez nous
un développement extraordinaire, on est un peu
étonné que le nom de Mérimée se trouve si rarement
sous la plume de ceux auxquels il a montré le
chemin.

C'est en 1848 qu'il commença l'étude de la langue
russe. Il écrivait au mois de décembre de cette
année : « J'apprends le russe, cela me servira peut-
être à parler aux Cosaques dans les Tuileries ». Il
trouva un emploi plus heureux aux nouvelles connaissances qu'il venait d'acquérir. Le premier
attrait de cette étude était, pour lui, dans les qualités mêmes de la langue russe, qui lui paraissait « la
plus belle de l'Europe, *sans en excepter le grec* ».
Elle était, disait-il encore, « bien plus belle que l'allemand et d'une clarté merveilleuse ». Et il ajoute :
« La langue est jeune; les pédants n'ont pas encore
eu le temps de la gâter; elle est admirablement
propre à la poésie ».

Six mois après avoir commencé ses études, il
était déjà en état d'offrir aux lecteurs de la *Revue
des Deux Mondes* une bizarre et saisissante petite
nouvelle, de Pouchkine, la *Dame de pique*. Ensuite
vinrent les *Bohémiens*, un court poème, et le *Coup de
pistolet*, autre nouvelle, non moins dramatique, du
même auteur. Dans un article d'ensemble, très soi-

gneusement préparé, il étudia le talent de Pouchkine sous ses différents aspects. Après quoi, venant à la génération nouvelle, il fit connaître à notre public par une analyse détaillée, les *Ames mortes*, de Nicolas Gogol, et publia une traduction de l'*Inspecteur général*, aussi hardie et aussi brutale dans sa précision que l'auteur pouvait la souhaiter. L'œuvre et le caractère de Gogol firent aussi le sujet d'un article critique. Puis, ce fut le tour d'Ivan Tourguéneff, avec lequel il se lia d'amitié peu après le premier voyage du romancier russe à Paris, dans les premiers jours du règne d'Alexandre II. On peut dire que Mérimée se dévoua véritablement à la gloire de Tourguéneff. Il écrivit une préface pour présenter au public *Pères et Enfants*, traduisit lui même le *Juif*, *Pétouchkof*, le *Chien*, *Étrange Histoire*; enfin il revisa la traduction de *Fumée*, que le prince Auguste Galitzine publia dans le *Correspondant*, et il a raconté plaisamment dans une de ses lettres les luttes qu'il eut à soutenir pour défendre le texte de son ami contre la pudeur alarmée du traducteur.

On a vu plus haut que Tourguéneff était un des rares privilégiés devant qui Mérimée « ôtait son masque »; comme preuve à l'appui, il aimait à raconter avec quel enthousiasme, quelle ferveur l'auteur de *Colomba*, sans craindre, cette fois, le ridicule, lui déclamait en russe les vers de Pouchkine. Peut-être Mérimée n'a-t-il pas pénétré jusqu'au fond ces écrivains qu'il aimait tant. Peut-être l'âme russe ne lui a-t-elle pas livré tous ses secrets. Pour lui Tourguéneff était un artiste exquis, un maître de la suggestion littéraire; Gogol, un moqueur plein de verve, mais décidément trop amer et un peu monotone dans sa violence. Il ne voyait dans cette amertume et dans cette violence que des procédés d'écrivain, au lieu d'y voir l'état moral d'un homme et d'une race arrivée à un moment critique de son existence. Il avait pourtant la notion de ce grand mouvement d'émancipation et de régénération auquel tout ce qui tenait une plume dans le monde slave s'associait éperdument. L'article intitulé : *la Littérature et le Servage en Russie*, montre une véritable intelligence du sujet. D'où vient que ces pages nous semblent si froides à côté de celles de l'éminent écrivain qui, outre Gogol et Tourguéneff, nous a fait comprendre, un des premiers, Tolstoï et Dostoïevsky? C'est que Mérimée, tout en ouvrant des voies nouvelles, restait fidèle aux vieux errements de la critique objective. Il entendait rester lui-même, garder son sang-froid, sa manière à lui, juger au nom de l'esprit français, d'après les méthodes françaises et toujours sur une comparaison, implicite ou explicite, volontaire ou involontaire, avec nos chefs-d'œuvre. Taine nous a initiés à un autre genre de critique, plus large et plus fécond. L'écrivain s'y oublie lui-même, ainsi que tous ses préjugés de race et d'éducation, pour s'abandonner à une pensée étrangère qui le porte, l'envahit, le pénètre de ses propres émotions, colore et imprègne les pages qu'il a écrites. Il ne s'agit plus de jeter sur les marges d'un livre quelques observations, plus ou moins destructives par lesquelles un homme du métier signale les fautes techniques d'un confrère, mais de se replacer dans les conditions où l'auteur s'est trouvé et de s'identifier avec lui, pour mieux concevoir comment l'œuvre a dû éclore et pourquoi, nécessairement, elle a été ce qu'elle est. Mérimée ne nous offre jamais ce phénomène de dédoublement. Toute sa sympathie pour les Russes ne peut le rendre mystique, ni mélancolique un seul moment. Nous retrouvons un juge qui rend des arrêts; mais, dans les considérants de ces arrêts, sont indiquées, sous la forme un peu sèche qui lui est propre, quelques-unes des idées qui, sous d'autres plumes, ont pris tant de fascination et tant d'empire et qui marquent les principaux caractères du génie slave.

Ce n'était pas seulement le présent, mais le passé de la Russie qui attirait la curiosité de Mérimée. Il n'a eu le temps d'écrire que quelques fragments de son *Histoire de Pierre le Grand*, dont le *Journal des Savants* avait commencé la publication. Cette histoire est, d'ailleurs, une adaptation bien plutôt qu'une œuvre personnelle, et des travaux récents, riches en documents à sensation et qui ont obtenu en librairie un succès considérable, ont fait oublier le livre incomplet de Mérimée. Mais son *Faux Démétrius*, sous la double forme historique et dramatique qu'il lui a donnée, et ses *Cosaques d'autrefois* occupent dans son œuvre un rang très honorable, et peut-être qu'après ses romans et ses nouvelles aucun de ses écrits ne garde le même attrait de lecture que ces deux ouvrages.

Peu d'épisodes historiques présentent un intérêt plus saisissant que celui de Démétrius, ce fils d'Ivan le Terrible massacré à Ouglitch dans sa première enfance et dont plusieurs imposteurs essayèrent successivement de jouer le rôle. Retrouver leur histoire véritable à travers les contradictions des documents et les mensonges de la tradition était déjà une tâche difficile et, par conséquent, une tâche intéressante. Mais il ne suffisait pas de distinguer les différents imposteurs les uns des autres pour dégager la personnalité vraiment curieuse du premier d'entre eux qui parvint jusqu'à Moscou, s'y fit couronner et aurait peut-être réussi à se maintenir sur le trône, lui et sa race, sans l'affreuse tragédie qui termina brusquement sa vie. Le problème était encore plus complexe, car Mérimée trouvait la figure de l'aventurier obscurcie et gâtée par une confusion qui s'était établie entre lui et son précurseur, Otrépief, le moine hâbleur, lâche et ivrogne. Débarrassé des traits vulgaires que lui prêtait Otrépief, Démétrius devenait un personnage tout différent. Il retrouvait le prestige du mystère, l'obsession de l'énigme, et à force d'y songer, cette imagination autrefois nourrie de Cervantes, de Lope de Vega et de Shakspeare, cette imagination qui avait marqué les pages les plus caractéristiques de la *Guzla* et du *Théâtre de Clara Gazul* se réveilla encore une fois chez Mérimée, avec cette intelligence et ce goût des primitifs qui ne l'avaient jamais complètement abandonné. C'est alors qu'il écrivit les *Débats d'un aventurier*. Ce n'est guère que le prologue du drame dont Démétrius devait être le héros. Car Mérimée n'a pas conduit l'imposteur jusqu'à Moscou; il n'a pas essayé de deviner l'émouvante scène qui se passa entre Démétrius et la mère du tsaréwitch assassiné, scène vraiment extraordinaire par les sentiments contradictoires qu'elle mit en jeu et qui décida peut-être du triomphe momentané de l'aventurier. Pourtant ce prologue a, comme un véritable drame, son unité, sa progression, sa signification morale. Il commence lorsque Youril n'est encore qu'un enfant brave et insouciant, où il se croit l'égal des Cosaques au milieu desquels il a grandi. Puis nous voyons l'idée de sa grandeur possible jetée dans son esprit comme un germe qui se développe et mûrit : moitié mensonge et moitié illusion, car il n'y a point de grand imposteur qui n'ait cru un peu à lui-même. Peu à peu le comédien apprend son terrible rôle. L'attitude se relève, le geste s'élargit, la parole prend de l'accent, de l'ampleur, une noblesse vraiment princière, mais il ne dit son secret à personne, pas même à la femme qu'il aime et qu'il dompte à force de hauteur et d'audace. C'est cet accablant secret, si obstinément gardé devant tous et devant sa propre conscience, qui donne à l'esquisse dramatique son originalité et sa puissance. Mais, là encore, Mérimée a eu cette fortune équivoque que, croyant ébaucher une tragédie, il a inspiré un opéra.

Dans les *Cosaques d'autrefois*, il a parfaitement montré la constitution et les mœurs de cette démocratie militaire d'où aurait pu sortir un empire cosaque, si certaines causes, inhérentes à cette constitution et à ces mœurs, ne l'avaient paralysée et retenue dans une éternelle enfance jusqu'au moment où elle fut absorbée dans une organisation plus puissante. C'était de l'histoire neuve, de l'histoire vierge et, sans renoncer à l'idéal un peu étroit qu'il s'était tracé, Mérimée s'accorda des libertés qu'il ne s'était jamais données. Le steppe met à l'aise; l'étiquette et les bienséances classiques que Mérimée avait si minutieusement observées envers un roi d'Espagne ou un consul romain eussent été assez déplacées envers un héros qui avait pour palais une sorte de hutte, qui donnait audience à cheval et qui était gris toutes les après-midi. Sans doute, dans les *Cosaques d'autrefois* on trouve encore des parallèles et des discours, mais il n'est pas nécessaire de remonter jusqu'aux anciens pour trouver les modèles dont s'était inspiré Mérimée. Cette forme du discours historique est familière aux chroniqueurs slaves qu'il avait sous les yeux : c'est leur façon d'analyser une situation; c'est le moule où ils jettent leur psychologie, et on pourrait discuter, après tout, la question de savoir si c'est la forme la plus naïve ou la plus élevée de l'art. En même temps, Mérimée a mis dans les *Cosaques d'autrefois* ses qualités de conteur les plus personnelles : le détail familier et suggestif, l'ironie à la fois négligée et précise qui dit tout en deux mots rapides, à la façon de Voltaire dans l'*Histoire de Charles XII*, l'étrange et subtile bonne humeur qui expose, sans s'émouvoir, les parjures, les batailles, les pendaisons, les tueries et y prend un secret plaisir de pessimisme justifié et triomphant, comme si l'auteur était sensible non pas aux larmes de pitié que contiennent les choses, mais à l'amère gaîté qui en découle. Bogdan Chmielnicki, mélange d'héroïsme et de vulgarité, de grossièreté et de machiavélisme, de férocité et de bonhomie, est une figure achevée, un excellent échantillon de réalisme historique. L'autre Cosaque, Stenka Razine, est, au contraire, vaguement esquissé. Tout en se perdant dans la brume d'une légende demi-orientale, ce justicier bandit nous explique

bien des choses ; il fait comprendre et Pugatscheff
et le nihilisme moderne.

On peut encore rattacher aux études slaves de
Mérimée le petit roman de *Lokis*. Si l'on excepte la
Chambre bleue et *Djoumâne*, deux bluettes publiées
seulement après sa mort, et qui n'ajoutent rien à sa
gloire de romancier, ce fut sa seule œuvre d'imagination pendant les vingt-cinq dernières années de sa
vie. Elle eut quelque peine à venir au monde. Il sentait chaque jour son intelligence s'émietter en mille
petites besognes médiocres et il se demandait s'il
saurait retrouver ce don d'invention, cet art de
conter qu'on avait admiré en lui, et que les nouveaux venus cherchaient à imiter : « Je voudrais
écrire encore un roman avant de mourir ». Ce mot
se retrouve, avec des variantes, dans toutes ses
correspondances. Mais, partagé entre le désir d'un
dernier succès et la peur de paraître inférieur à lui-
même, il hésita d'abord à écrire, ensuite à publier.
Le sujet de *Lokis*, tel qu'il l'avait d'abord conçu, avait
le double défaut d'être scientifiquement impossible
et plus que scabreux au point de vue moral. Sur le
premier point il questionna des professeurs et sur
le second il prit l'avis de Mlle Dacquin. Les professeurs rirent beaucoup, Mlle Dacquin fut fort scanda-
lisée, et Mérimée renonça à son premier projet, ou
plutôt il s'en tira en donnant au problème posé deux
solutions suivant le système qui lui avait si bien réussi

dans la *Vénus d'Ille*. Pendant une chasse à l'ours, la comtesse Szémioth se trouve séparée de ses amis et seule dans un fourré avec le terrible animal. Elle s'évanouit et quand on vient à son aide, elle n'est ni morte, ni blessée, mais elle a perdu la raison et ne la recouvre jamais. Quelques mois après l'accident, elle donne le jour à un fils qui est le héros de *Lokis*. D'étranges instincts sommeillent en lui et font explosion la nuit de son mariage; il déchire à belles dents la charmante jeune fille qu'il a épousée par amour. C'est là, sans doute, un effet de la terreur éprouvée par la comtesse, alors qu'elle était en état de grossesse. Ainsi le comprit l'auditoire un peu naïf auquel Mérimée donna la primeur de *Lokis*, certain soir de l'été de 1869, dans un salon du palais de Saint-Cloud, avant de l'offrir aux lecteurs de la *Revue des Deux Mondes*. Mais il n'eût pas déplu à Mérimée qu'on attribuât à son ours un rôle plus important dans cette aventure et qu'on soupçonnât dans le cas du comte Szémioth un effrayant et monstrueux atavisme. Quoi qu'il en soit, la nouvelle est composée et écrite avec un soin, une perfection littéraire, un fini dans les moindres détails qui trahissent la préoccupation secrète de l'auteur; une triste coquetterie de vieillard qui s'habille pour sa dernière sortie et veut être impeccable. Est-ce cette laborieuse perfection qui nuit à *Lokis*? Est-ce l'absence d'un intérêt humain? Ce qui est certain, c'est que nous ne sommes ni très touchés, ni très épouvantés. Il semble qu'en écrivant ce petit roman, Mérimée se soit imité lui-même et, comme les disciples, il tourne en défauts les qualités du maître.

Ce n'était plus seulement le courage et l'inspiration, mais la force physique qui l'abandonnait. Depuis de longues années, il assistait à sa lente destruction ; il en suivait le progrès avec de rares alternatives d'espérance, lorsque la souffrance lui accordait quelque répit, ou que l'essai d'un remède nouveau lui ouvrait une perspective de guérison. Il éprouva un bien-être extraordinaire lorsqu'il fit son premier séjour d'hiver à Cannes et il écrivait presque gaîment à une de ses amies : « En partant j'avais cinq maladies mortelles : il paraît que je n'en ai plus que quatre ». Il perdit peu à peu quelques illusions sur le climat de la *Riviera*, mais Cannes resta pour lui un lieu de retraite, abrité contre les servitudes mondaines, sans être fermé aux relations agréables. Sans parler des hôtes illustres, princes, ministres, grands écrivains et grands artistes, oiseaux de passage qui se posaient à Cannes un moment sur la route de Rome, de Londres ou de Paris, il avait de vieux amis qui venaient, comme lui, se chauffer au soleil provençal. A Cannes, il s'était fait un *home*, grâce à la présence de deux dames anglaises qui lui donnaient l'illusion de la famille. Elles l'accompagnaient dans ses promenades, l'une portant son arc et ses flèches, l'autre sa boîte d'aquarelle. On lui avait recommandé l'exercice de l'arc comme éminemment propre à développer les muscles dont le jeu est nécessaire à la respiration et il s'y adonnait de tout son cœur. Il abattit, dans les bois qui dominent le Cannet et Vallauris des milliers de pommes de pin qu'il prenait pour cibles et essayait de convertir Victor Cousin à ce sport médiéval. A d'autres heures, le pinceau à la main, il s'efforçait de fixer sur son papier, sans réussir à se satisfaire lui-même, la splendeur de ces merveilleux soleils couchants qu'il voyait descendre tous les soirs derrière les cimes violettes de l'Esterel.

Souvent, il se laissait séduire par une excursion sur les eaux endormies du golfe, avec des compagnons de choix. Quelquefois, paresseusement étendu sur quelque coin désert de la plage, il s'oubliait pendant des heures à suivre les mouvements d'une de ces bestioles, humbles parasites du sable marin, à la recherche du coquillage qui lui sert de vêtement et de maison. Il parlait à toutes ses correspondantes de son *prégadiou* et d'une façon si délicieuse que voilà le prégadiou de Mérimée assuré de vivre quand beaucoup d'entre nous n'auront même plus de nom. Toute sa vie, il avait aimé les bêtes, non pas en elles-mêmes, peut-être, mais comme s'il eût voulu, à la manière de La Fontaine, leur demander le secret de l'âme humaine. Un goût particulier, une affinité de nature l'attirait surtout vers le chat, animal nerveux, sensuel, élégant, dédaigneux et exclusif dans ses sympathies comme il l'avait été lui-même dans sa littérature et dans sa vie. De cette solidarité naissait une sorte de tendresse. Il les voulait heureux autour de lui. Pendant quelques jours de suite, Mérimée fit plusieurs kilomètres pour aller porter à manger à un chat abandonné dans une maison déserte. Voilà une touchante niaiserie qu'il n'est pas tout à fait inutile de rapporter pour montrer ce qu'il y a au fond d'un grand sceptique. Si quelques-uns haussent les épaules à ce trait, d'autres seront disposés à en mieux aimer Mérimée. La Fontaine, suivant jusqu'au bout l'enterrement de la fourmi, n'était qu'un observateur et un curieux; dans l'acte de Mérimée, il y a de la pitié et de la bonté.

Malgré tous les soins dont il était entouré, sa santé déclinait. Pour obtenir une vague promesse de guérison ou un léger soulagement de ses souffrances, il s'adressait tantôt à la science, tantôt aux empiriques, mais, toujours déçu, perdait, avec la force, le courage et l'espoir. Les nuits, qu'il passait dans l'horrible angoisse de l'étouffement, étaient surtout longues et cruelles. Il essayait de les rendre moins cruelles et moins longues en lisant sans cesse. Que lisait-il? D'abord les livres nouveaux. On devine avec quelles dispositions il devait aborder

ces volumes qui lui arrivaient de Paris dans toute
l'impertinence de leur jeune succès, précédés par
l'enthousiasme des journaux et des salons et qui
fatiguaient, sans la distraire, sa douloureuse in-
somnie. Aussi ne faut-il pas s'étonner de trouver
dans ses lettres des mots durs, souvent excessifs
envers les livres les plus fameux de cette époque; par
exemple envers *Salammbô* et envers les *Misérables*.
Dans cette universelle mauvaise humeur, il lui arrivait de ne pas reconnaître les siens, ceux qui étaient
vraiment de sa race, ceux qui étaient capables de
ramasser sa plume et de s'en servir aussi bien que
lui. Très digne envers la jeunesse que flattaient
humblement quelques-uns de ces contemporains, il
exagérait jusqu'à l'injustice cette attitude d'isolement
hautain. Il ne voulait rien savoir de ce qui viendrait
après lui et il ne lui échappa jamais, à l'égard de la
nouvelle génération, une parole de sympathie ou
d'encouragement. A lire ses lettres, on croirait que
tout meurt, que tout va finir et que l'avenir, ce
n'était pas seulement la décadence, mais le vide et
le néant. Il reprenait un à un, dans sa bibliothèque,
les livres aimés de sa prime jeunesse. On a dit de
lui [1], avec une parfaite justesse, qu'il avait été successivement ou simultanément romantique, réaliste,
classique. On peut ajouter que, dans les dernières

1. M. Larroumet. C'est, avec M. Faguet, celui de nos critiques qui a le mieux compris et jugé Mérimée.

années de sa vie, par suite d'un lent travail d'épuration et d'élimination, il était devenu uniquement et implacablement classique. De sévérité en sévérité, à force de corriger, de raffiner, d'atténuer son goût, il était en route vers un idéal parfaitement négatif et il serait arrivé ou à ne plus rien aimer, ce qui est triste, ou, ce qui est pire, à trop aimer les objets de son exclusive admiration. Les Valaisans montrent, dans les sauvages solitudes qui dominent la Dala, un cercle immense tracé à travers le rocher par l'épée magique d'un roi sorcier des temps préhistoriques. La circonférence va se rapprochant du centre et, le jour où elle se confondra avec lui, la Terre mourra. Ainsi se rétrécissait le cercle intellectuel de Mérimée.

. On a vu comment il faisait ses adieux à la littérature. De même qu'il avait eu conscience d'écrire son dernier livre, il sut aussi que la vie prenait congé de lui sous une autre forme, lorsqu'il se hasarda, presque mourant, à respirer encore cette « odeur de la femme », dont il s'était tant enivré. C'était la séduisante personne dont le nom se trouve plus haut, la présidente de la cour d'amour de Fontainebleau. Elle se prêta à cette fantaisie; elle s'y prêta avec une complaisance presque dangereuse pour le repos d'un vieux malade. Il ne pouvait plus aimer que de loin et par lettres, et c'était encore trop. L'insistance de la belle dame nous a valu les *Lettres à une autre Inconnue*, mais nous aurions pu

nous en passer, car il y a bien de l'effort et de la
tristesse dans ce suprême marivaudage.

La politique ne lui inspirait pas des idées moins
sombres. De même que, de 1852 à 1860, il avait
monté la pente, laissant à chaque pas une inquiétude
ou une méfiance, il redescendait la pente opposée,
perdant sans cesse une espérance et une illusion.
Après avoir eu quelque peine à devenir impéria-
liste, il l'était maintenant plus que l'empereur. Il
devenait, sans s'en rendre compte, un « introu-
vable » de la quatrième dynastie. Le gouvernement
avait tort, suivant lui, de suivre une politique de
bascule entre les cléricaux et les révolutionnaires :
il prévoyait dès longtemps la coalition de ces partis
extrêmes. Le programme démocratique, si cher à
Napoléon III, lui semblait périlleux, chimérique,
obscur; la liberté d'association et la liberté des
grèves l'épouvantaient. Enfin il se désespérait de
voir l'empire s'enfoncer dans l'ornière du parle-
mentarisme où avait versé la royauté constitution-
nelle. Le retour des mêmes symptômes lui faisait
redouter les mêmes accidents. Le péril extérieur lui
apparaissait plus vague, mais encore plus menaçant.
Dans une lettre écrite au lendemain de Sadowa, il
comparait le malaise de la France à cette « angoisse
étrange qui saisit les spectateurs du *Don Juan* de
Mozart lorsqu'ils entendent les mesures préludant à
l'entrée du Commandeur ». Quant à l'homme qui

allait jouer ce terrible rôle, il l'avait approché et pratiqué; il avait longuement causé, plaisanté avec lui et même plaisanté sur lui. Il écrivait — avec cette gaminerie parisienne qui demeurait en lui jusqu'au bout sous ses allures de diplomate et de gentilhomme : « Rien de comique comme M. de Bismarck en casque et en cuirasse ». Mais, tout en souriant, il essayait de déchiffrer la redoutable énigme. Cet homme se tenait-il pour satisfait de ses succès passés? Risquerait-il sa puissance dans de nouvelles aventures? En tout cas, il était devenu le véritable arbitre de l'Europe. Le 7 juillet 1870, en apprenant la candidature du prince de Hohenzollern au trône d'Espagne, Mérimée disait : « Il n'y aura point de guerre, *à moins que M. de Bismarck ne le veuille absolument.* » C'était deviner ce que nous savons; c'était parler, dès la première heure, comme parlera l'histoire.

La déclaration de guerre lui serra le cœur, il reprit, pourtant, quelque espoir au spectacle du grand mouvement patriotique qui se dessinait et grandissait rapidement, d'heure en heure, à travers toutes les classes de la société française. Il se disait qu'on a vu autrefois l'enthousiasme gagner des batailles même contre le nombre, même contre la science. Malheureusement ces miracles ne sont plus de notre temps. Dès le 6 août, après la double défaite de Forbach et de Reichshoffen, il comprit que tout était perdu. On peut se figurer l'état de son esprit alors qu'il sentait venir à la fois la ruine de la patrie, la chute des souverains qu'il aimait et sa propre destruction dont aucune des illusions de la foi ne pouvait adoucir l'approche. Il alla voir l'impératrice régente. Ce Mérimée qu'elle avait toujours connu railleur, le sourire aux lèvres, impertinent envers les hommes et envers la destinée, elle le vit pour la première fois abattu, navré, les larmes aux yeux, et mêmes au milieu de cet immense écroulement, ce changement la frappa. C'était un Mérimée inconnu qui lui apparaissait. Il la trouva, de son côté, « ferme comme un roc » (c'est l'expression dont il se servit en écrivant à Panizzi et à la comtesse de Montijo), décidée à faire son devoir et à respecter les lois. C'est le 25 août qu'eut lieu leur dernière conversation. Quelques jours après, Mérimée se rendit auprès de M. Thiers. Il n'avait et ne pouvait avoir auprès de lui aucun mandat de l'impératrice, mais il se flattait d'émouvoir les sentiments du vieil homme d'État ou d'intéresser son orgueil à la défense de la dynastie qui tombait en lui faisant entrevoir une minorité où il serait tout-puissant. C'était se tromper deux fois, et l'erreur est étrange de la part d'un homme si habile à déchiffrer les caractères. Comment, après quarante-cinq ans d'intimité avec M. Thiers, crut-il à la possibilité d'attendrir son cœur, de désarmer ses rancunes au moment même où elles allaient être satisfaites, d'égarer vers un objet imaginaire cette ambition si sagace et si prudente? Que se dit-il dans cette mystérieuse entrevue dont, par une singulière ironie des choses, nous connaissons l'heure exacte, mais dont nous ne pouvons fixer le jour, car, dans le témoignage du Président de la République devant la commission d'enquête du 4 septembre, certains détails exigent la date du 3 et d'autres indiquent avec une nécessité également inflexible la date du 4. Nous n'avons pas le récit de Mérimée et le récit de Thiers se détruit lui-même par ses contradictions. Il nous faudrait opter d'abord entre deux impossibilités : ou bien un ministre de l'impératrice régente annonce à M. Thiers la capitulation de Sedan dix-sept heures avant de la connaître lui-même, ou bien c'est l'ambassadeur d'Autriche qui, le lendemain de la Révolution, supplie M. Thiers d'employer tous ses efforts à la prévenir.

S'il faut tenir pour vraies les paroles que M. Thiers prête à Mérimée, parmi tous les mauvais discours qu'a prononcés dans sa vie l'auteur de *Colomba*, ce fut le plus mauvais, mais ce fut aussi, de toutes les bonnes actions de sa vie, une des plus nobles, une des plus désintéressées, une des plus dures à accomplir comme une des plus inutiles. Pâle, respirant à peine, la mort dans les yeux et sur les traits, il semblait sorti de la tombe pour plaider une

cause désespérée et le souffle manquait à ses courtes
phrases. Ce devait être un spectacle lamentable et,
parmi les plus ardents ennemis de l'empereur, il en
est peu qui n'en auraient senti quelque pitié : à moins
que, même dans un moment aussi tragique, Mérimée n'eût gardé ce don bizarre de glacer la sympathie et de chasser l'émotion comme au temps loin-
tain où il lisait ses premières œuvres dans la
chambre de Delécluze.

Quoi qu'il en soit, il n'emporta point du cabinet de
M. Thiers le mot qu'il avait espéré. Il ne retourna
pas aux Tuileries n'ayant pas à rendre compte d'une
mission que personne ne lui avait confiée. Il ne put
donc remercier M. Thiers au nom de l'impératrice.
Le 4 septembre il était au Luxembourg où il attendit
vainement l'émeute, avec ses collègues. L'émeute
dédaigna le Sénat et alla tout droit du Palais-Bourbon
à l'Hôtel de Ville.

Longtemps inquiet sur le sort de l'impératrice, il
apprit enfin qu'elle avait touché le sol anglais et
écrivit à Panizzi pour le prier de se mettre à
la disposition de la souveraine fugitive. N'ayant
plus rien à faire à Paris, il se laissa emmener à
Cannes par ses deux fidèles amies; il s'étonna d'y
arriver vivant. C'est alors qu'il écrivit à Mme de
Beaulaincourt ces paroles émues, presque solen-
nelles : « J'ai toute ma vie cherché à me dégager
des préjugés, à être citoyen du monde avant d'être

français. Mais tous ces manteaux philosophiques ne servent de rien. Je saigne aujourd'hui des blessures de ces imbéciles de Français, je pleure de leurs humiliations et, quelque ingrats et quelque absurdes qu'ils soient, je les aime toujours. »

Il traçait ces lignes le 13 septembre et, dix jours plus tard, il mourait presque subitement, après avoir écrit quelques mots à Jenny Dacquin, qui reçut ainsi sa dernière pensée.

Il fut enterré au cimetière de Cannes. Ceux qui l'accompagnèrent jusqu'à sa tombe furent surpris d'y voir paraître un ministre protestant qui, dans un discours agressif et malavisé, prit possession du défunt au nom de sa croyance. Mérimée avait, en effet, par un codicille spécial ajouté à son testament, exprimé le désir qu'un ministre de la confession d'Augsbourg assistât à ses funérailles. Mais il est probable que le zèle de l'orateur dépassait de beaucoup les intentions du mort en donnant à ce désir les proportions et la portée d'une conversion. Les enterrements civils étaient peu en faveur et il est possible que Mérimée se soit proposé simplement d'éviter à ses amis un chagrin, sinon un scandale. D'ailleurs il a exprimé sa pensée sur la manière dont il convient de quitter ce monde : il l'a exprimée très clairement, à plusieurs reprises, et dans des circonstances très différentes : d'abord au début de la fameuse brochure H. B., et ensuite dans un passage, qui a été très remarqué, de la *Correspondance inédite*. Il fallait, pensait-il, près d'une fosse ouverte une cérémonie commémorative, une parole d'adieu. En cela, il n'entendait être ni luthérien, ni catholique, il avait les sentiments d'un Grec du temps d'Eschyle; il lui eût semblé cruel de disparaître ἄθαπτος, ἄκλαυστος. Pour obtenir ces rites funèbres, ne pouvant s'adresser aux hiérophantes, il les demanda à celui des cultes modernes qui l'avait le moins choqué durant sa vie, et qui lui parut contenir un minimum de surnaturel et de mysticisme. On se tromperait donc si on voyait dans ce fait — assez difficile à comprendre sans le double commentaire qu'il en avait écrit à l'avance — une évolution complète, ou même partielle, du nihilisme à la foi. Il faut se résigner à voir et à dire les choses comme elles sont. Mérimée est resté jusqu'au bout ce qu'il avait été toute sa vie. Il n'a pas été converti de son vivant; il ne l'a été que quelques années après sa mort par des biographes aussi bien intentionnés que mal informés.

CHAPITRE V

CORRESPONDANCE DE MÉRIMÉE
SON INFLUENCE

Au milieu de nos désastres publics, la mort de
Mérimée passa presque inaperçue. Un temps très
long s'écoula avant que son successeur fût reçu
officiellement à l'Académie française. L'oraison
funèbre du palais Mazarin valait celle de Cannes, et
on se demande s'il n'eût pas été préférable de s'en
aller ἄκλαυστὸς, ἄθαπτος, que d'être pleuré ainsi et
enterré de cette manière-là.

Ce dernier rite accompli, le silence qui suit d'ordinaire la mort d'un écrivain et qui précède son
classement définitif, allait se faire autour du nom et
de la mémoire de Mérimée, lorsque éclata la publication des *Lettres à une Inconnue*, suivie, à peu
d'années d'intervalle, par la Correspondance avec
Panizzi et par les *Lettres à une autre Inconnue*. A

ces cinq volumes s'est ajouté récemment sous le nom de *Correspondance inédite* le recueil des lettres que Mérimée a adressées sous l'empire à la charitable amie qui avait entrepris sa conversion. Il faut y joindre les lettres à Mrs Senior et à Mme la comtesse de Beaulaincourt, publiées par M. le comte d'Haussonville, les lettres à M. de Passa dont M. Sellier a donné des fragments dans le *Correspondant*, les lettres à M. Albert Stapfer et à Mme de Montijo dont on trouvera de longs extraits dans *Mérimée et ses amis*, enfin la correspondance avec M. et Mme Lenormant, dont l'État s'est rendu acquéreur et qui a paru dans la *Revue de Paris*. Sept lettres inédites de Mérimée à Stendhal, écrites de 1831 à 1836, ont été imprimées par souscription pour le bénéfice de quelques lecteurs privilégiés. Nous n'aurons sans doute jamais les lettres à Mme***, puisqu'à la fin de leur liaison ils se restituèrent mutuellement les correspondances échangées. Si, à ce moment, l'amant disgracié ne détruisit pas ses propres lettres, elles durent être brûlées, en mai 1871, dans l'incendie qui dévora l'appartement et la maison de la rue de Lille. La correspondance de Mérimée avec le docteur Requien, toujours déposée au musée d'Avignon, n'a pas encore trouvé un éditeur assez habile pour en atténuer les audaces. Jusqu'ici les plus hardis ont reculé devant la tâche, craignant que, les gros mots retirés, il ne restât rien. D'autres collections de lettres attendent leur moment pour voir le jour. C'est ainsi qu'un très grand nombre de lettres qui datent de la jeunesse de Mérimée, mêlées à des lettres de Beyle, de Delacroix, de Devéria, de Jacquemont et des autres membres du même groupe, se trouvent dans les mains d'une famille anglaise. D'honorables scrupules, qui finiront sans doute par céder, ont jusqu'ici empêché leur publication. Enfin il existe toute une correspondance de Mérimée en anglais dont le public d'outre-Manche aura sans doute la primeur, mais dont le public français voudra savoir quelque chose. Les lettres déjà publiées suffisent à constituer une œuvre épistolaire très importante, et on peut dire que Mérimée a eu, depuis qu'il repose dans le cimetière de Cannes, une seconde vie littéraire, aussi brillante, plus brillante peut-être, que la première.

Il a doublement gagné, comme homme et comme écrivain, à cette publication posthume. Comme écrivain, parce qu'il a révélé des qualités nouvelles, sans avoir rien perdu de celles que nous lui connaissions. Comme homme, parce qu'il s'est montré à nous très différent de ses héros et presque l'opposé du triste idéal auquel il visait, parce que, au lieu de l'insatiable voluptueux et du cynique sans pudeur et sans pitié qu'il se flattait d'être, nous l'avons vu, non pas vertueux ni saint, mais tendre, faible, et parfois dévoué jusqu'à la niaiserie.

Bien écrire des lettres était autrefois un talent très français. On est même allé plus loin et on a pu dire, non sans raison, que la Lettre, considérée comme un genre littéraire, avait été une des meilleures écoles où s'est formé l'esprit de notre langue et de notre race. Nous sommes un peuple causeur, et la lettre est une conversation écrite, avec certaines grâces que ne comporte point la conversation ordinaire. Nous sommes un peuple conteur et moraliste : la lettre se prête admirablement à ce tour d'esprit. On y juge les événements et les hommes par une certaine façon de les mettre en scène; on y jette des portraits, des anecdotes, des théories et des axiomes qu'on n'est jamais tenu de prouver et qui ont un air de profondeur sous une forme légère. La lettre s'adaptait donc aux besoins intellectuels et sociaux du xviiie siècle. Au xixe, elle a été remplacée par le journal sous ses deux formes si diverses : le journal intime où l'on parle de soi à soi-même non sans l'arrière-pensée d'être entendu et compris par d'autres; le journal imprimé où l'on parle de tout à tous. La lettre, qui tenait le milieu entre ces deux genres, a presque disparu. Ce qu'on nous a donné de la correspondance de nos plus grands écrivains a été une déception. Nous les avons vus dans un déshabillé qui touchait au débraillé et qui n'avait rien d'aimable; ils nous ont initié à leurs comptes d'éditeurs, aux vulgaires petits moyens à l'aide desquels ils cultivaient leur gloire, aux féroces jalousies littéraires qui faisaient d'eux, en secret, les ennemis de leurs maîtres, de leurs amis ou même de leurs disciples, pendant qu'ils les portaient aux nues en public. Tout cela dit sans charme et sans nuances, avec une brutale âpreté, presque grossièrement et comme à la hâte. Les seuls écrivains qui, dans notre siècle, aient su écrire des lettres sont ceux qui avaient du sang-froid, du loisir et qui s'étaient à demi désintéressés, non du spectacle, mais de l'action humaine. Surtout ce sont ceux qui avaient conservé les manières de dire familières au XVIIIe siècle : par exemple, Joubert et Doudan. Mérimée, comme on l'a vu au début de cette étude, était, par l'allure générale de sa pensée et par ses habitudes d'esprit, un de ces hommes de l'autre siècle. Il eût été à l'aise dès le premier soir chez Mme du Deffand et chez Mme Helvétius. Il était donc né pour écrire des lettres et pour les bien écrire.

Il faut d'abord isoler, dans ces lettres, l'élément psychologique, autobiographique, les confidences personnelles. Ces confidences valent-elles la peine d'être recueillies? Le moi de Mérimée est-il un moi intéressant? Il y a des âmes dont l'étude est fascinante; il en est de nulles et d'insipides, même parmi les hommes dont la pensée imprimée a remué le monde. Celle de Mérimée est une âme curieuse à connaître et à suivre dans sa lutte avec elle-même, dans son perpétuel effort pour se vaincre, se discipliner et se transformer. S'il avait été un dompteur de femmes d'après les recettes de Stendhal, nous ne nous soucierions guère de sa psychologie. Mais la vérité est qu'il a vraiment et beaucoup aimé, qu'il a connu et compris la femme sous des aspects multiples, qu'il a vu en elle une créature bien différente de la maîtresse docile dont il est question dans la *Double Méprise* — « celle chez qui on arrive, en bottes crottées, quand elle est prête à partir pour le bal et à qui on dit : « Restons! » Mérimée n'a point réalisé son rêve de maîtrise satanique, de despotisme donjuanesque. Il a aimé comme les autres, tantôt upeur, tantôt dupé, quelquefois tous les deux ensemble. Il a noté ses sentiments au passage avec autant de finesse que de sincérité. Voilà pourquoi nous suivons, à travers toutes ses nuances et tous ses déguisements, avec un intérêt qui ne se lasse pas, ce désir toujours trompé et toujours renaissant. Le roman de Mérimée et de l'Inconnue est un des plus jolis romans par lettres que nous possédions, et c'est peut-être le meilleur que Mérimée ait écrit. Il n'a rien perdu de son attrait d'énigme parce qu'on nous a enfin révélé le nom et la situation sociale de Jenny Dacquin. La véritable énigme est de savoir qui l'emporta, finalement, qui fut le vainqueur dans ce long duel. Soit que, pour nous laisser dans le doute, Mlle Dacquin ait omis des mots significatifs, soit que nous ayons sous les yeux un texte complet et authentique, le dénouement peut nous désappointer, mais il n'est certes pas vulgaire et il est très humain dans sa mélancolique douceur. Il n'y eut ni vainqueur ni vaincu. N'ayant pas su être heureux à leur manière, ni consenti à l'être d'autre façon, ils se donnèrent tristement la main, se promirent d'être amis et se tinrent parole. Telle est la conclusion de cette aventure qui avait été variée par tant d'épisodes, qui avait passé par tant de douceur et de violence, tant d'enfantillage et tant de passion. Si nous sommes raisonnables, nous accepterons cette conclusion et ne chercherons pas à en savoir davantage.

Les lecteurs que les *Lettres à une Inconnue* auront mis en goût et qui voudront bien connaître Mérimée intime, trouveront un à un, tous les traits de cette figure dans les autres correspondances publiées. Une lettre à Mrs Senior nous fait pénétrer dans cet appartement de la rue de Lille où Mérimée offrait aux curieuses une tasse de son fameux thé jaune après leur avoir exhibé ses scabreuses collections. Les lettres à Mme de Beaulaincourt sont surtout précieuses pour les derniers séjours de Cannes et pour les émotions de la guerre. Le Mérimée viveur et impertinent, le « Mérimée à gille » des lettres à Stendhal revit dans les lettres à Panizzi et, pour faire contrepoids, nous avons, dans la *Correspondance inédite*, un Mérimée rêveur, découragé, pensif, qui se prend à s'interroger sur le sens de cette vie et la possibilité de l'autre. C'est par lui que nous savons à combien de choses croit un homme qui ne croit à rien.

Mais le grand intérêt de toute cette correspondance est ailleurs que dans la psychologie de Mérimée; il est dans le panorama de la société française qu'elle nous offre à tous les moments, de 1840 à 1870. L'histoire des événements, on la trouve partout : l'histoire des mœurs on ne la trouve que là, d'autant plus sincère qu'elle est écrite au jour le jour sans être retouchée après coup pour mettre en harmonie les prévisions et les résultats. C'est de la chronique, simplement, mais la chronique vaut ce que vaut le chroniqueur, et il se trouve que Mérimée, qui n'a jamais signé un seul article de ce genre dans un journal, a été le premier chroniqueur de son temps. Toujours bien placé pour voir et pour savoir, grâce à ses amitiés et à ses relations, il a été sous l'empire plus favorisé que sous les autres régimes et il a connu quelques-uns des dessous de la politique. Il nous offre, sous la forme la plus brillante et la plus polie qu'on pût lui donner, le tableau d'un temps avec lequel il eut en commun l'amour du plaisir. Il a raconté le banquet en philosophe, mais en philosophe épicurien, qui en a pris sa part et n'en est point fâché, quoique le banquet finisse mal et que les dieux ne l'aient point préservé lui-même comme Simonide.

D'autres ont pu voir mieux, mais ne raconteront jamais aussi bien. Cette correspondance qui change de ton avec le caractère, le sexe, l'âge des correspondants, où l'esprit coule en un flot ininterrompu, où l'art des nuances, le fini du détail s'allient avec le naturel, la rapidité, l'aisance parfaite des mouvements, pourrait bien rester le chef-d'œuvre de Mérimée.

Ainsi sa popularité d'écrivain a déjà une histoire étrange et complexe. Il nous est maintenant possible de comprendre comment, tout en restant identique à lui-même, il a paru si différent à des générations différentes : délicieux, haïssable, insipide et, de nouveau, délicieux. D'abord il partit en guerre avec la grande armée romantique sur un malentendu de principes qui ne lui est nullement imputable, car il avait l'esprit clair et ses compagnons de route avaient l'esprit trouble. Mérimée savait ce qu'il voulait, eux n'en savaient rien. Son programme était celui-ci : renouveler les sentiments et les idées où s'approvisionnait le génie français sans toucher à la langue, étudier Shakspeare et Cervantès sans renverser Racine de son piédestal. L'âme humaine, considérée à un point de vue général et abstrait, dans son fond commun, permanent, immuable, avait donné à peu près tout ce qu'elle pouvait fournir : il fallait l'observer à nouveau dans ses manifestations successives et locales, en s'aidant des lumières de l'histoire.

Mérimée crut que c'était là le romantisme. Il partagea les espérances, les ardeurs combatives des romantiques, le violent mépris qu'ils avaient pour leurs adversaires; il partagea aussi leurs triomphes et le succès de la *Chronique*, en 1829, fut une victoire romantique. Après 1830, le malentendu se dissipa et Mérimée qui offrait encore des conseils à l'auteur de *Marion de Lorme*, haussa les épaules avec une satisfaction secrète à la chute retentissante des *Burgraves*. Sans parler des incompatibilités de caractères qui s'étaient révélées, le divorce intellectuel entre Mérimée et Victor Hugo était complet. La vérité historique lui paraissait encore plus maltraitée par les romantiques que par les classiques; car la défigurer et la travestir était, à ses yeux, un plus grand crime que de l'ignorer. Le public condamnait-il le romantisme pour cette raison-là ou pour d'autres qui valaient moins? En tout cas, le renouveau du classicisme trouvait Mérimée dans une position admirable pour en profiter et le succès de *Colomba* fut une victoire classique, bien que l'œuvre soit construite d'après les mêmes recettes littéraires — ou peu s'en faut — que la *Chronique de Charles IX*. De 1840 à 1852, Mérimée, qui produit très peu, n'en est pas moins accepté comme un maître de la langue; il serait mort depuis cent ans qu'on ne pourrait le révérer davantage. A l'École normale, About et ses camarades le dévorent ou le méditent. Au-dessus de la *Vénus d'Ille* et d'*Arsène Guillot*, il n'y a que *Candide* et l'*Homme aux quarante écus*. Quiconque attrapera la petite phrase sèche, incisive, cinglante de Mérimée, son pessimisme ricaneur, son méphistophélique sourire qui veut dire : « Ce monde est stupide, mais qu'importe ! » celui-là, qu'il soit conteur ou journaliste, a, en littérature, sa fortune faite.

Et, pendant que les mondains lisent *Carmen*, que la jeunesse libérale fait ses délices d'*Arsène Guillot* et de l'*Abbé Aubain*, pendant que *Colomba*, traduite dans toutes les langues de l'Europe, devient un répertoire de morceaux choisis, Mérimée, qui se croit historien et qui est simplement archéologue, s'obstine dans cette vocation. Il écrit laborieusement *Don Pedre*; il le publie... et la foule achète *Colomba*. Cet ingrat public ne connaît pas davantage les rares services rendus par l'inspecteur général qui a sauvé nos monuments et créé toute une tradition. Dans cette grande œuvre collective et anonyme de patriotisme et de goût, si quelques noms émergent et s'imposent à la reconnaissance de la nation, ce n'est pas le sien.

A partir de 1852, cette étrange situation qui fait de Mérimée tout ensemble un triomphateur et un méconnu se complique et s'envenime d'un nouveau dédoublement de sa personnalité qui, au fond, demeure absolument semblable à elle-même. On ne saurait trop le répéter : tout est continu, normal, logique dans sa carrière d'écrivain; tout est contingence, contrastes et accident dans l'histoire de sa réputation et de son influence. Il avait été amené par le développement naturel de son esprit à abandonner le roman pour l'histoire. De même, sa conversion à l'impérialisme fut, comme on l'a vu, lente, graduelle, réfléchie. Elle fut, surtout, sincère et spontanée.

Mais le public n'en jugeait pas ainsi. Mérimée était sénateur : cela suffisait à le juger et à le condamner. Cet homme que tout le monde reconnaissait pour un de nos premiers talents, l'empereur l'avait appelé à siéger parmi les hautes valeurs intellectuelles et sociales du pays : quel honteux marché devait-il y avoir là-dessous! Pour s'acquitter, Mérimée communiquait des notes, indiquait des sources à son auguste confrère : le valet! D'autres jours, il organisait des charades et s'amusait, avec d'autres hommes d'esprit, à costumer de jolies femmes : l'apostat! On eût fort étonné ces juges sévères, indignés, en les assurant que ce « valet » n'avait jamais servi ni flatté personne, que cet « apostat » devait mourir sans avoir trahi ni un ami, ni une femme, ni un principe.

On maudissait le sénateur; on admirait l'écrivain. Le premier de ces sentiments était fort injuste, le second peut-être excessif. La popularité et l'impopularité de Mérimée allèrent grandissant jusqu'au jour où elles cessèrent brusquement l'une et l'autre lorsqu'il disparut de la scène et que s'éleva une nouvelle génération à laquelle il fallait d'autres haines et d'autres idoles. Mais voici que le nouveau Mérimée, révélé par les volumes de la correspondance, a remis l'ancien à la mode. J'ai essayé d'expliquer l'intérêt, la curiosité presque sympathique qui s'attache à ce Mérimée posthume et à ce roman d'amour, inopinément exhumé. D'ailleurs ce qui a été de la politique pour les contemporains de Mérimée, c'est-à-dire un sujet de confuses polémiques et un aliment pour les passions, devient chaque jour davantage de l'histoire, c'est-à-dire un sujet de curiosité, une matière de réflexion et d'étude. Ces mille petits faits, qui n'avaient alors de prix que par la grâce et l'art du conteur, sont aujourd'hui des documents, et Mérimée, qu'il y ait songé ou non — je crois qu'il y songeait un peu, — se trouve avoir écrit heure par heure l'histoire de la société française pendant trente ou quarante ans, précisément cette sorte d'histoire qu'il eût demandée à la femme de chambre de Périclès et échangée volontiers contre la *Guerre du Péloponèse*, de Thucydide. Et il se trouve qu'en cette circonstance la femme de chambre de Périclès est, à sa façon, un aussi grand écrivain que Thucydide, bien que dans un genre tout différent. Le mot d'histoire est trop gros, trop pompeux : ce sont les mémoires, c'est le journal du xixe siècle tenu par une des plumes les plus agiles que ce siècle ait eues à son service. C'est mieux encore, car un journal est monotone dans sa subjectivité, et les mémoires n'expriment, bien souvent, que les maussades regrets de la vieillesse. Ces lettres ont tous les âges, puisque Mérimée les a écrites à des moments différents de sa vie ; tous les caractères, puisqu'elles reflètent l'humeur de ceux ou de celles qui les devaient lire d'abord : sensées et raconteuses avec Mme de Montijo, impitoyablement railleuses et paradoxales avec Stendhal et Panizzi, élégamment frivoles avec la présidente, sérieuses et douces avec l'inconnue à la médaille, tendres et fantasques avec Mlle Dacquin.

Ainsi Mérimée qui courait risque d'être écrasé entre Hugo et Balzac, entre les romantiques et les réalistes, d'être confondu dans la pléiade des hommes d'esprit de l'époque impériale ou de prendre rang parmi les romanciers de second ordre entre Charles de Bernard et Edmond About, redevient une des figures littéraires les plus importantes de son temps. Du conteur, on gardera seulement quelques pages, concentrées et puissantes, où revit le Mérimée des fortes inspirations. On regrettera qu'il ait failli à cette grande vocation de fonder le réalisme en France au XIX⁰ siècle et que cet orgueilleux, devenu trop modeste, ne se soit cru bon qu'à combiner et à polir deux ou trois histoires à faire peur. Mais ses lettres sont là, elles le sauvent. Il n'aura pas écrit en vain, et nos successeurs n'échapperont pas à son influence. Ils la subiront plus que nous, car ce mort nous survivra, et c'est lui qui aura le dernier la parole. Lorsque la correspondance générale sera complétée, mise en bon ordre, éclairée, expliquée, fortifiée de notes, de commentaires et d'index, les étudiants de l'histoire, qui seront de plus en plus nombreux, y retourneront sans cesse comme Crusoé retournait au vaisseau pour y chercher des provisions et des outils. Ils l'aborderont avec un esprit libre de colères et de préjugés; ils penseront à Guizot, à Rouher et à Thiers comme nous pensons à Choiseul, à Bernis, à d'Argenson quand nous lisons les lettres de Voltaire. Les jugements, les manières de sentir de Mérimée s'infiltreront dans les intelligences, par la simple raison que ce qui est bien dit résiste et dure. Respectons en Mérimée un témoin qui déposera devant le prochain siècle lorsqu'il s'agira de juger celui-ci. Il se fera écouter, et qui sait se faire écouter est bien près de se faire croire.

TABLE DES MATIÈRES

Coulommiers. — Imp. Paul BRODARD. — 285-08.

LIBRAIRIE HACHETTE ET Cie

BOULEVARD SAINT-GERMAIN, 79, A PARIS

LES

GRANDS ÉCRIVAINS FRANÇAIS

ÉTUDES SUR LA VIE

LES ŒUVRES ET L'INFLUENCE DES PRINCIPAUX AUTEURS

DE NOTRE LITTÉRATURE

Notre siècle a eu, dès son début, et léguera au siècle prochain un goût profond pour les recherches historiques. Il s'y est livré avec une ardeur, une méthode et un succès que les âges antérieurs n'avaient pas connus. L'histoire du globe et de ses habitants a été refaite en entier; la pioche de l'archéologue a rendu à la lumière les os des guerriers de Mycènes et le propre visage de Sésostris. Les ruines expliquées, les hiéroglyphes traduits ont permis de reconstituer l'existence des illustres morts, parfois de pénétrer jusque dans leur âme.

Avec une passion plus intense encore, parce qu'elle était mêlée de tendresse, notre siècle s'est appliqué à faire revivre les grands écrivains de toutes les littératures, dépositaires du génie des nations, interprètes de la pensée des peuples. Il n'a pas manqué en France d'érudits pour s'occuper de cette tâche; on a publié les œuvres et débrouillé la biographie de ces hommes fameux que nous chérissons comme des ancêtres et qui ont contribué, plus même que les princes et les capitaines, à la formation de la France moderne, pour ne pas dire du monde moderne.

Car c'est là une de nos gloires, l'œuvre de la France a été accomplie moins par les armes que par la pensée, et l'action de notre pays sur le monde a toujours été indépendante de ses triomphes militaires : on l'a vue prépondérante aux heures les plus douloureuses de l'histoire nationale. C'est pourquoi les maîtres esprits de notre littérature intéressent non seulement leurs descendants directs, mais encore une nombreuse postérité européenne éparse au delà des frontières.

Beaucoup d'ouvrages, dont toutes ces raisons justifient du reste la publication, ont donc été consacrés aux grands écrivains français. Et cependant ces génies puissants et charmants ont-ils dans le monde la place qui leur est due? Nullement, et pas même en France.

Nous sommes habitués maintenant à ce que toute chose soit aisée; on a clarifié les grammaires et les sciences comme on a simplifié les voyages; l'impossible d'hier est devenu l'usuel d'aujourd'hui. C'est pourquoi, souvent, les anciens traités de littérature nous rebutent et les éditions complètes ne nous attirent point : ils conviennent pour les heures d'étude qui sont rares en dehors des occupations obligatoires, mais non pour les heures de repos qui sont plus fréquentes. Aussi, les œuvres des grands hommes complètes et intactes, immobiles comme des portraits de famille, vénérées, mais rarement contemplées, restent dans leur bel alignement sur les hauts rayons des bibliothèques.

On les aime et on les néglige. Ces grands hommes

semblent trop lointains, trop différents, trop savants, trop inaccessibles. L'idée de l'édition en beaucoup de volumes, des notes qui détourneront le regard, l'appareil scientifique qui les entoure, peut-être le vague souvenir du collège, de l'étude classique, du devoir juvénile, oppriment l'esprit; et l'heure qui s'ouvrait vide s'est déjà enfuie; et l'on s'habitue ainsi à laisser à part nos vieux auteurs, majestés muettes, sans rechercher leur conversation familière.

L'objet de la présente collection est de ramener près du foyer ces grands hommes logés dans des temples qu'on ne visite pas assez, et de rétablir entre les descendants et les ancêtres l'union d'idées et de propos qui, seule, peut assurer, malgré les changements que le temps impose, l'intègre conservation du génie national. On trouvera dans les volumes en cours de publication des renseignements précis sur la vie, l'œuvre et l'influence de chacun des écrivains qui ont marqué dans la littérature universelle ou qui représentent un côté original de l'esprit français. Les livres sont courts, le prix en est faible; ils sont ainsi à la portée de tous. Ils sont conformes, pour le format, le papier et l'impression, au spécimen que le lecteur a sous les yeux. Ils donnent, sur les points douteux, le dernier état de la science, et par là ils peuvent être utiles même aux spécialistes. Enfin une reproduction exacte d'un portrait authentique permet aux lecteurs de faire, en quelque manière, la connaissance physique de nos grands écrivains.

En somme, rappeler leur rôle, aujourd'hui mieux

connu grâce aux recherches de l'érudition, fortifier leur action sur le temps présent, resserrer les liens et ranimer la tendresse qui nous unissent à notre passé littéraire; par la contemplation de ce passé, donner foi dans l'avenir et faire taire, s'il est possible, les dolentes voix des découragés : tel est notre objet principal. Nous croyons aussi que cette collection aura plusieurs autres avantages. Il est bon que chaque génération établisse le bilan des richesses qu'elle a trouvées dans l'héritage des ancêtres, elle apprend ainsi à en faire meilleur usage; de plus, elle se résume, se dévoile, se fait connaître elle-même par ses jugements. Utile pour la reconstitution du passé, cette collection le sera donc peut-être encore pour la connaissance du présent.

Avril 1897.

J. J. JUSSERAND

LES
GRANDS ÉCRIVAINS FRANÇAIS

ÉTUDES

SUR LA VIE, LES ŒUVRES ET L'INFLUENCE DES PRINCIPAUX AUTEURS DE NOTRE LITTÉRATURE

Chaque volume in-16, orné d'un portrait en héliogravure, broché. 2 fr.

LISTE DANS L'ORDRE DE LEUR PUBLICATION

DES **41** VOLUMES PARUS

(Mai 1898)

TURGOT, *par M. LÉON SAY*
de l'Académie française.

THIERS, *par M. P. DE RÉMUSAT*
sénateur, membre de l'Institut.

D'ALEMBERT, *par M. JOSEPH BERTRAND*
de l'Académie française,
secrétaire perpétuel de l'Académie des sciences.

MADAME DE STAEL, *par M. ALBERT SOREL*
de l'Académie française.

THÉOPHILE GAUTIER, *par M. MAXIME DU CAMP*
de l'Académie française.

BERNARDIN DE SAINT-PIERRE,
par M. ARVÈDE BARINE

MADAME DE LAFAYETTE,
par M. le comte D'HAUSSONVILLE
de l'Académie française.

MIRABEAU, *par M. EDMOND ROUSSE*
de l'Académie française.

RUTEBEUF, *par M. CLÉDAT*
professeur de Faculté.

STENDHAL, *par M. ÉDOUARD ROD.*

ALFRED DE VIGNY,
par M. MAURICE PALÉOLOGUE.

BOILEAU, *par M. G. LANSON.*

CHATEAUBRIAND, *par M. de LESCURE.*

FÉNELON, *par M. PAUL JANET*
            membre de l'Institut.

SAINT-SIMON, *par M. GASTON BOISSIER*
            secrétaire perpétuel de l'Académie française.

RABELAIS, *par M. RENÉ MILLET.*

J.-J. ROUSSEAU, *par M. ARTHUR CHUQUET*
            professeur au Collège de France.

LESAGE, *par M. EUGÈNE LINTILHAC.*

VAUVENARGUES, *par M. MAURICE PALÉOLOGUE.*

DESCARTES, *par M. ALFRED FOUILLÉE*
            membre de l'Institut.

VICTOR HUGO, *par M. LÉOPOLD MABILLEAU*
            professeur de Faculté.

ALFRED DE MUSSET, *par M. ARVÈDE BARINE.*

JOSEPH DE MAISTRE, *par M. GEORGE COGORDAN*

FROISSART, *par Mme MARY DARMESTETER.*

DIDEROT, *par M. JOSEPH REINACH.*

GUIZOT, *par M. A. BARDOUX*
            membre de l'Institut.

MONTAIGNE, *par M. PAUL STAPFER*
professeur de Faculté.

LA ROCHEFOUCAULD, *par M. J. BOURDEAU.*

LACORDAIRE, *par M. le comte D'HAUSSONVILLE*
de l'Académie française.

ROYER-COLLARD, *par M. E. SPULLER.*

LA FONTAINE, *par M. G. LAFENESTRE*
membre de l'Institut.

MALHERBE, *par M. le duc DE BROGLIE*
de l'Académie française.

BEAUMARCHAIS, *par M. ANDRÉ HALLAYS.*

MARIVAUX, *par M. GASTON DESCHAMPS.*

RACINE, *par M. GUSTAVE LARROUMET*
membre de l'Institut.

MÉRIMÉE, *par M. AUGUSTIN FILON.*

CORNEILLE, *par M. G. LANSON.*

(*Divers autres volumes sont en préparation.*)

Coulommiers. — Imp. Paul BRODARD. — 6-98.

www.ingramcontent.com/pod-product-compliance
Lightning Source LLC
LaVergne TN
LVHW021444170726
843501LV00005B/1493